Nicolas Aubineau

Runningfood

Rezepte und Ernährungstipps zur Leistungssteigerung

Fotos: Charly Deslandes
Rezepte und Food Styling: Sidonie Pain
Illustrationen: Émilie Ramon

h.f.ullmann

Vorwort

„Eure Nahrung soll eure Medizin und eure Medizin soll eure Nahrung sein."

Hippokrates

Essen ist lebenswichtig. Wer dabei Vernunft und Verstand walten lässt, sorgt gleichzeitig für seine Gesundheit, was wiederum die körperliche Leistungsfähigkeit steigert.

Als Ernährungsberater, der sich auf Sport spezialisiert hat, bin ich davon überzeugt, dass ein optimierter Speiseplan als ideale Ergänzung zum Lauftraining hilft, die selbstgesteckten Ziele zu erreichen, ohne dass Spaß und Genuss dabei auf der Strecke bleiben müssen.

In die Inhalte meiner Website, die sich mit der Ernährung von Sportlern beschäftigt, sind meine vielfältigen Erfahrungen und Kenntnisse auf insgesamt drei Fachgebieten eingeflossen. Neben dem Sport sind das die Rehabilitation nach Herz- sowie nach Atemwegserkrankungen. Ich habe häufig festgestellt: Zu viele Läufer unterschätzen die Bedeutung, die ihre Ernährung für ihre sportliche Leistung hat. Egal, ob man eine kurze oder eine lange Strecke läuft, man verbraucht dabei Energie. Energie, die hauptsächlich durch Nahrung generiert wird. Wer sich nicht ausreichend oder schlecht ernährt (Fastfood, unregelmäßige Essenszeiten, stark verarbeitete Lebensmittel usw.), stellt seinem Körper nicht die notwendige Energie zur Verfügung, die dieser für ein regelmäßiges Lauftraining benötigt. Leider genügt es nicht, drei Stunden vor der Trainingseinheit eine Schüssel Pasta hinunterzuschlingen, um im richtigen Moment auf dem Höhepunkt seiner Leistungsfähigkeit zu sein.

Läufer haben ganz spezielle Bedürfnisse, die durch den Speiseplan des Durchschnittsbürgers nicht abgedeckt werden. Ganz klar: Die richtigen Mahlzeiten allein bringen keinen über die Ziellinie. Aber eine ausgeklügelte Ernährung kann Formtiefs und Leistungseinbrüchen vorbeugen.

Vor dem Rezeptteil erkläre ich auf den folgenden Seiten die Grundlagen der Ernährung eines Läufers: Wie sollte sein Speiseplan aussehen? Welche Nahrungsmittel sind wichtig, welche sollte er meiden? Was sollte er vor, während und nach dem Laufen essen? Und vieles mehr.

Viel Spaß beim Essen, beim Laufen und beim Lesen dieses Buchs!

Nicolas Aubineau

Inhalt

Rezepte

TEIL 1

Grundlagen

Welche Vorteile hat eine gute Ernährung für Läufer?

Laufen ist eine energieintensive Sportart und erfordert eine darauf abgestimmte Ernährung. Die Nahrung, die **vor** einem Training oder Wettkampf konsumiert wird, kann den Lauf wie auch die anschließende Erholungsphase positiv beeinflussen. Die Nahrungsaufnahme **während** des Laufens optimiert die Leistung und senkt das Verletzungsrisiko. Was **danach** gegessen wird, unterstützt die Regeneration.

Die Nahrung sollte sowohl Energielieferanten (Kohlenhydrate, Fette, Eiweiße) als auch Mikronährstoffe (Vitamine, Mineralstoffe, Spurenelemente, Aminosäuren, essenzielle Fettsäuren, Probiotika usw.) enthalten, dazu Pflanzenextrakte und Gewürze.

Häufige Ursache für Schwächegefühle und Leistungseinbrüche ist eine falsche Ernährung:

- Schlechte Organisation der Essenszeiten, Auslassen von Mahlzeiten mangels Verfügbarkeit oder aus Termingründen (z. B. bei Trainingseinheiten früh morgens oder zwischen 12 und 14 Uhr), ungünstige Verteilung der Mahlzeiten über den Tag.
- Unzureichende Nahrungsaufnahme in Anbetracht des erhöhten Energiebedarfs.
- Übertriebene Zurückhaltung bei der Aufnahme von Fetten in den Speiseplan.
- Zu wenig Vitamine und Mineralstoffe, die für Läufer besonders wichtig sind.
- Einseitige Ernährung, zu wenig Abwechslung bei der Auswahl der Lebensmittel.
- Flüssigkeitsbedarf vor, während und nach dem Laufen wird nicht oder nicht ausreichend gedeckt.
- Umwelteinflüsse während des Laufens werden nicht berücksichtigt.

Wer sich für **Runningfood** entscheidet, kann seine Leistung durch eine ausgewogene und abwechslungsreiche Ernährung optimieren.

Für ihr psychisches, physisches und physiologisches Gleichgewicht brauchen Läufer eine Kost, die ihren Nährstoffbedarf deckt (Fette, Eiweiße, Kohlenhydrate, Vitamine, Mineralstoffe, Spurenelemente, essenzielle Fettsäuren usw.) und gleichzeitig ihre Ansprüche an die organoleptischen Eigenschaften der Lebensmittel (Konsistenz, Geschmack, Aroma, Farbe, Aussehen) erfüllt.

Was ist Runningfood?

Um den Bedarf an Nährstoffen zu decken, sollte sich die Ernährung eines Läufers an zwei Grundsätzen orientieren: **Ausgewogenheit und Vielfalt bei der Auswahl der Lebensmittel**. Wer die tägliche Energiezufuhr möglichst abwechslungsreich gestaltet, optimiert seine Leistung, steigert sein Wohlbefinden vor und während des Laufens und beschleunigt die Regeneration danach.

Ernährung und Verpflegung müssen passen

Jeder Mensch ist einzigartig. Daher muss jeder seinen Speiseplan individuell gestalten. Ein Standardmodell gibt es nicht.

Wie sich Läufer gut ernähren, hängt von Alter, Geschlecht und körperlicher Verfassung ab. Weitere Parameter sind das läuferische Niveau, die Häufigkeit des Trainings, Art und Länge der Läufe (1,5 km oder 10 km, Intervalltraining oder Marathon, Asphalt oder querfeldein usw.), Anspruch (Wettkampf- oder Freizeitsport) und nicht zuletzt Lebensumstände, Vorlieben und Gewohnheiten.

Die Ernährung eines Sportlers muss an viele Faktoren angepasst werden (Alter, Geschlecht, Größe, Gewicht, Sportart usw.). Grundsätzlich gilt: Ausgewogenheit und Vielfalt.

Essen für Läufer – kompliziert oder einfach?

Wenn es um Ernährung geht, sind Theorien und Dogmen nicht weit. Eigentlich ist es ganz einfach: Eine vielfältige und abwechslungsreiche Ernährung garantiert eine gute Gesundheit. Aber was genau bedeutet „vielfältig und abwechslungsreich“? Dafür gibt es einige Grundregeln.

Vielfalt und Abwechslung

- Ein Gericht aus verschiedenen Zutaten zusammenstellen, diese besorgen und zubereiten.
- Mehrere unterschiedliche Mahlzeiten pro Tag einnehmen.
- Nicht immer das Gleiche essen, den Speiseplan der Jahreszeit anpassen.
- Beim Essen mitberücksichtigen, ob man zu Hause, auswärts oder sogar unterwegs isst.
- Unverarbeitete Lebensmittel bevorzugen.

Von allem etwas, aber in kleinen Mengen, heißt die Devise. Und wie viel soll man essen? Genügend, um das Hungergefühl und damit Mangelerscheinungen auszugleichen. Aber nicht so üppig, dass es sich auf der Waage bemerkbar macht.

Die richtige Menge orientiert sich nicht nur an Kaloriengehalt und Nährwert. Sie ist individuell verschieden.

Auch schwankende Parameter spielen eine Rolle, z. B. der Gemütszustand und die berufliche und familiäre Situation sowie die Trainingsintensität (Wintertraining, Wettkampfvorbereitung). Wer seine Ernährung verbessern will, sollte nachforschen, welche dieser Faktoren seine Ernährungsgewohnheiten wie beeinflussen.

Jedes Lebensmittel hat seine Vorzüge (industriell stark verarbeitete Produkte ausgenommen). Dabei spielt neben Qualität und Quantität auch die Häufigkeit, mit der ein Lebensmittel in unserem Speiseplan auftaucht, eine Rolle: Einige essen wir tendenziell zu oft (Fleisch- und Wurstwaren, Butter, gesättigte Fettsäuren usw.), andere zu selten (Gemüse, Obst, Fisch, Ballaststoffe, Omega-3-Fettsäuren usw).

Zwölf Grundregeln einer ausgewogenen Ernährung

1• Mindestens 1,5 l Wasser pro Tag trinken. Menge je nach körperlicher Aktivität und Umgebungstemperatur erhöhen.

2• Die tägliche Nahrungsaufnahme auf mehrere regelmäßige Mahlzeiten verteilen. So werden Heißhunger, das Ausweichen auf ungesunde Knabbereien oder Fressattacken vermieden. Empfehlenswert sind drei größere Mahlzeiten und ein oder zwei Zwischenmahlzeiten pro Tag; hier entscheiden persönliche Umstände und Bedürfnisse. Das Abendessen sollte eine normale Mahlzeit sein, nicht extra leicht, aber auch nicht die Hauptmahlzeit des Tages.

3• Salzzugaben sind nicht nötig, unsere Nahrungsmittel enthalten bereits ausreichend Salz. Mineralwässer mit einem Natriumgehalt von mehr als 100 mg/l meiden. So kann man sicher sein, nicht zu viel Natrium aufzunehmen.

4• Das Gleiche gilt für Zucker. Wer gern süß isst, sollte die Zuckermenge allmählich reduzieren. Möglichst auf weißen Industriezucker verzichten und auf natürliche Süßungsmittel wie Honig, Ahorn- oder Agavensirup umsteigen. Wer Zuckeraustauschstoffe bevorzugt, sollte auf künstliche Süßungsmittel verzichten. Ein guter Kompromiss ist Stevia.

5• Der tägliche Speiseplan sollte möglichst 400 g vollwertiges Getreide (auch gekocht) und Getreideprodukte enthalten, insbesondere:

- Wenig verarbeitete Getreidesorten: Reis, Weizen, Quinoa, Dinkel, Hafer, Roggen usw. Frühstückscerealien in Form von Flakes usw. mit Schokoflocken und allen möglichen weiteren Beigaben meiden. Müsli mit reinen Getreideflocken (z. B. Haferflocken) zubereiten.

- Brot: Vollkorn-, Grau- oder Mehrkornbrot mit Roggen, Mais, Dinkel usw. (kein Weißbrot) sowie Vollkornzwieback und -kekse; mindestens 150 g pro Tag.

- Getreideprodukte: Reisnudeln, Vollkornnudeln, Polenta, Grieß usw.

6• Mindestens zweimal pro Woche Kartoffeln essen.

7• Mindestens dreimal pro Woche Hülsenfrüchte (Spalterbsen, Linsen, verschiedene Bohnensorten) essen.

8• Frisches Gemüse versorgt den Körper mit Ballaststoffen, an denen es oft mangelt. Mindestens 400 g pro Tag sollten es sein, egal, ob roh, gekocht oder als Suppe (die Ballaststoffe bleiben erhalten!).

9• Ebenfalls ein Muss sind zwei Stück frisches Obst täglich, davon eine Zitrusfrucht (Grapefruit, Orange, Zitrone, Mandarine, Clementine, Pomelo usw.). Früchte enthalten viel Vitamin C, ein starkes Antioxidans.

10• Fleisch, Fisch und Eier sollten mit täglich 200 g zur Ernährung beitragen. Damit erhält der Körper eine Grundration an biologisch hochwertigen Proteinen. Alle Fischsorten sind willkommen; zweimal pro Woche sollte man fetthaltigen Fisch wie Lachs, Thunfisch, Makrele, Sardinen oder Hering (keinen Aal!) essen. Für helles Fleisch von Huhn, Kaninchen, Truthahn, Perlhuhn, Kalb oder Kleinwild gibt es keine Einschränkungen. Rotes Fleisch sollte man nicht öfter als zwei- bis dreimal pro Woche essen und dabei magere Stücke wählen (Steak, Lende, Filet, Tartar, Tafelspitz usw.). Sechs Eier pro Woche sind erlaubt.

11• Wenn es um Fett geht, verwenden clevere Köche zum Braten und für Salate Oliven- oder Rapsöl (jeweils 1–2 EL). Butter kommt ab und zu auf den Frühstückstisch oder veredelt mit ihrem Geschmack gelegentlich Krustentiere, Muscheln und einige Vorspeisen.

12• Gewürze, Kräuter und intensiv schmeckende Gemüsesorten geben vielen Gerichten den letzten Pfiff und wecken den Appetit. Es gibt sie in einer solchen Vielfalt, dass jeder etwas nach seinem Geschmack findet.

Beim Essen sollte man sich Ruhe gönnen, den Fernseher abschalten und die Mahlzeit möglichst gemeinsam mit anderen genießen. Ebenso wichtig ist es, Spaß am Kochen mit naturbelassenen Zutaten zu finden. Läufer sollten auf ihren Körper hören und die Ernährung als einen elementaren Bestandteil ihres Lebens begreifen.

Wasser

Flüssigkeitsmangel ist unbedingt zu vermeiden, da er die Körperfunktionen negativ beeinflusst (ein Wasserverlust im Körper von 2% verringert die körperliche Leistung um 20%). Um seinen Wasserhaushalt im Gleichgewicht zu halten, sollte man täglich 1,5–2 l Wasser trinken.

- **Vor dem Laufen:** Regelmäßig kleine Portionen Wasser trinken (vor allem bei trockener Witterung), um den Wasserhaushalt auf Normalniveau zu halten. Überschüssige Flüssigkeit wird mit dem Urin ausgeschieden, Sie können daher nicht zu viel trinken. Je nach Verträglichkeit kann Fructose und während der Aufwärmphase auch Glukose beigegeben werden. Ideal ist die Beimischung in Form von Fruchtsirup, Honig, Ahorn- oder Agavensirup.
- **Während des Laufens:** Alle 15 Minuten 200–300 ml (entspricht einem bis zwei Bechern) trinken, am besten gesüßte Getränke. Wenn der Lauf länger als eine Stunde dauert, sind solche unerlässlich. Die Glukosedosis sollte bei 60 g/l, bei heißem Wetter bei 30–50 g/l liegen.
- **Nach dem Laufen:** Der Körper braucht viel Wasser, da er durch die Anstrengung Flüssigkeit verloren hat. Nun ist es günstig, auf kohlensäurehaltige Getränke zurückzugreifen.

Energielieferanten

Der Bedarf an Energielieferanten hängt von der Intensität der körperlichen Betätigung ab. Wer sprintet oder Mittelstrecken läuft, braucht vor allem Kohlenhydrate. Bei gemäßigter Anstrengung wie z. B. Jogging verlangt der Körper nach Kohlenhydraten, Fett und Eiweiß gleichermaßen. Die Energiebereitstellung ändert sich mit der Dauer der Belastung. Je länger man bei gleicher Intensität läuft, desto mehr Fett verbraucht der Körper.

Kohlenhydrate

Kohlenhydrate sind Zucker und ihre Derivate. Glukose ist ein Einfachzucker, den Läufer praktisch vollständig in Energie umwandeln. Stärke ist ein rein pflanzlicher Mehrfachzucker, der beispielsweise in Hafer, Reis, Kartoffeln, Nudeln oder Quinoa in hoher Konzentration vorhanden ist. Das Pendant tierischen Ursprungs ist Glykogen, ebenfalls ein aus Glukose aufgebauter Mehrfachzucker, der in Leber und Muskeln gespeichert wird – als optimaler Energielieferant während des Laufens.

- **Für einen Lauf mit leichter Belastung** liegt der Bedarf bei 5–6 g/kg/Tag. Bei einem Läufer mit 70 kg Körpergewicht sind das 350–420 g pro Tag.
- **Für einen Lauf mit hoher Belastung** liegt der Bedarf bei 10 g/kg/Tag. Bei einem Läufer mit 70 kg Körpergewicht sind das 700 g pro Tag.
- **Für einen Langstreckenlauf** (Dauer über eine Stunde) braucht der Körper mindestens 30 g Kohlenhydrate pro Stunde.
- **Geeignete Lebensmittel:** Getreide und Getreideprodukte (Brot, Nudeln usw.), Hülsenfrüchte, frisches Obst, Trockenobst, Honig, Marmelade usw.
- **Kohlenhydratgehalt ermitteln:** 20 g reine Kohlenhydrate = 30 g Mehl = 35 g Reis, Nudeln, Couscous, Hülsenfrüchte oder andere stärkehaltige Nahrungsmittel (roh)

bzw. 100 g (gekocht) = 40 g Brot = 4 Scheiben Zwieback = 2 mittelgroße Kartoffeln

Fett

Fettsäuren und Triacylglyceride (Fette und Öle) haben den Vorteil, schon in kleinen Mengen viel Energie zu liefern. Das macht sie besonders für Langstreckenläufer interessant. Aber jedes Zuviel an tierischem oder pflanzlichem Fett wird vom Körper als Reserve eingelagert, was weder dem Laufen noch der Gesundheit zuträglich ist.

- **Für einen Lauf mit leichter Belastung** liegt der Bedarf bei 1 g/kg/Tag. Bei einem Läufer mit 70 kg Körpergewicht sind das 70 g pro Tag.
- **Für einen Lauf mit hoher Belastung** liegt der Bedarf bei 1,5 g/kg/Tag. Bei einem Läufer mit 70 kg Körpergewicht sind das 105 g pro Tag.
- **Geeignete Lebensmittel:** Avocados, Mandeln, Oliven-, Raps-, Sesam-, Haselnussöl, fetter Fisch aus kalten Meeren (Hering, Sardine usw.) und das daraus gewonnene Fischöl, Eier.
- **Fettgehalt ermitteln:** 10 g pures Triacylglycerid = 1 knapper EL Öl (10 g) = 15 g Butter = 30 g Crème fraîche = 60 g Sauerrahm (15–20 % Fettgehalt) = 1,5 EL Mayonnaise (selbstgemacht)

Eiweiß

Eiweißstoffe, auch Proteine genannt, enthalten Aminosäuren. Für Läufer sind sie besonders wertvoll, weil sie die Regeneration fördern und beim Wiederaufbau von verletztem Gewebe helfen. Wer sich ausgewogen und abwechslungsreich ernährt, nimmt genügend Eiweiß auf. Besonders eiweißreiche Nahrungsmittel sind Fleisch, Fisch, Eier, Milchprodukte und Hülsenfrüchte.

- **Für einen Lauf mit leichter Belastung** liegt der Bedarf bei 1,2 g/kg/Tag. Bei einem Läufer mit 70 kg Körpergewicht sind das 84 g pro Tag.
- **Für einen Lauf mit hoher Belastung** liegt der Bedarf bei 1,5 g/kg/Tag. Bei einem Läufer mit 70 kg Körpergewicht sind das 105 g pro Tag.
- **Geeignete Lebensmittel:** Fleisch, Fisch, Meeresfrüchte, Milchprodukte, Hülsenfrüchte, Eier u. a.
- **Eiweißgehalt ermitteln:** 20 g reines Protein = 100 g Fleisch = 100 g Fisch = 100 g Muscheln oder Meeresfrüchte = 2 Eier = 2 Scheiben gekochter Schinken
  20 g reines Protein = 300 g Quark (20 % Fettgehalt) = 90 g Käse (handwerklich hergestellt) = 600 ml Milch (1,5 % Fettgehalt) = 6 Becher Naturjogurt
  20 g reines Protein = 300 g Hülsenfrüchte (gekocht; z. B. Linsen, Bohnen usw.) = 100 g Mandeln = 150 g Wal- oder Haselnüsse = 200 g Vollkornbrot = 180 g Tofu

Mikronährstoffe: Vitamine, Mineralstoffe, Spurenelemente

Diese Nährstoffe liefern keine Energie, sind aber lebensnotwendig. Normalerweise wird der Bedarf durch eine abwechslungsreiche Ernährung gedeckt. Wer jedoch extrem viel läuft, sollte auf eine ausreichende Zufuhr achten und dabei den Bedarf nach Geschlecht, Größe, Alter und Trainingsintensität kalkulieren.

Natrium

Der Mineralstoff steuert den Flüssigkeitshaushalt im Körper, wird aber mit dem Schweiß ausgeschieden. Die Aufnahme von in Wasser gelöstem Kochsalz während des Laufens hält den Natriumspiegel im grünen Bereich und der Läufer braucht weniger „Pinkelpausen“.

- **Tagesbedarf:** maximal 2 g
- **Bei Läufen über eine Stunde** liegt der Bedarf bei 300 mg pro Stunde.
- **Geeignete Lebensmittel:** Meersalz, Meeresfrüchte, Käse u. a.

Magnesium

Auch dieser für die Muskelkontraktion wichtige Mineralstoff wird mit dem Schweiß ausgeschieden.

- **Tagesbedarf:** 360 mg (Frauen), 420 mg (Männer)
- **Bei Läufen über eine Stunde** liegt der Bedarf bei 50 mg pro Stunde.
- **Geeignete Lebensmittel:** Vollkorngetreide, Hülsenfrüchte, Ölfrüchte und -saaten (Mandeln usw.), Trockenfrüchte, Meeresfrüchte u. a.

Zink

Zink ist für viele Stoffwechselprozesse unverzichtbar, unterstützt das Immunsystem und wirkt als Antioxidans.

- **Tagesbedarf:** 10 mg (Frauen), 12 mg (Männer)
- **Geeignete Lebensmittel:** Milchprodukte, Eier, Fleisch, Meeresfrüchte, Vollkorngetreide usw.

Kalzium

Knochenaufbau und Muskelkontraktion sowie die Übertragung von Nervenimpulsen benötigen diesen Mineralstoff.

- **Tagesbedarf:** 900 mg
- **Geeignete Lebensmittel:** Milchprodukte, Meeresfrüchte, Mineralwasser, Mandeln, Sardinen (mit Gräten) u. a.

Eisen

Spurenelement, das beim Energiestoffwechsel und beim Sauerstofftransport gebraucht wird.

- **Tagesbedarf:** 16 mg (Frauen), 9 mg (Männer)
- **Geeignete Lebensmittel:** Fleisch, Innereien, Blutwurst, Fisch, Meeresfrüchte, Eier, Hülsenfrüchte u. a.

B-Vitamine

Die Vitamine B1, B2, B3, B5, B6 und B8 sind wichtig für den Energiestoffwechsel. Die Vitamine B9 und B12 spielen für den Metabolismus der roten Blutkörperchen (Sauerstofftransport) eine große Rolle, beeinflussen die Atmung, die Eiweißsynthese und den Gewebeaufbau (Muskeln, Knochen usw.).

Kräuter und Gewürze

Ihre medizinische Wirkung ist mittlerweile offiziell anerkannt. Läufer können davon vor, während und nach dem Training oder Wettkampf profitieren. Besondere Erwähnung verdienen Knoblauch, Zimt, Kurkuma, Ingwer, Zwiebel und schwarzer Pfeffer.

Die Speisekammer von Läufern

Die Speisekammer von Läufern

Fisch
(mindestens dreimal pro Woche)

- Maifisch, Sardellen, Wolfsbarsch, Hecht, Seeteufel, Kabeljau bzw. Dorsch, Scholle, Pollack und Köhler bzw. Seelachs, Meeraal, Goldbrasse, Schellfisch, Schwertfisch, Heilbutt, Knurrhahn, Hering, Kliesche, Makrele, Wittling, Seehecht, Meeräsche, Saibling, Flussbarsch, Rochen, Rotbarsch, Rotbarbe, Katzenhai, Petersfisch, Zander, Sardinen, Lachs, Seezunge, Franzosendorsch, Tilapia bzw. Buntbarsch, Thunfisch, Forelle, Steinbutt

Meeresfrüchte
(mindestens dreimal pro Woche)

- Austern, Hummer, Tintenfisch, verschiedene Arten von Muscheln, Krebsen, Garnelen und Meeresschnecken

Brot ja oder nein?

Brot ist und bleibt ein Grundnahrungsmittel und eignet sich für Zwischenmahlzeiten wie auch als Beilage zu den Hauptmahlzeiten. Greifen Sie in jedem Fall zu Sauerteigbrot aus Vollkornmehl (Roggen, Mais, Quinoa, Einkorn usw.) und verzichten Sie auf Weißbrot, das kaum Nährstoffe enthält und schwer verdaulich ist. Bei der Menge die anderen Getreideprodukte auf Ihrem Speiseplan berücksichtigen sowie Häufigkeit und Intensität des Lauftrainings.

Fleisch

- Rind*
Oberschale, Unterschale, Nuss, Schulter, Bug, magere Bauchstücke, Lende, Filet, Rumpsteak, Innereien (Herz, Nieren, Leber)

- Lamm*
Keule, Filet, Leber

- Schwein*
Hochrippe, Oberschale, Unterschale, Nuss, Lende, Filet, roher und gekochter Schinken, Bratenstück, Leber

- Kalb
Hals, Nacken, Oberschale, Unterschale, Nuss, Schulter, Haxen, Leber

- Huhn, Perlhuhn, Hähnchen, Truthahn
Filet, Schnitzel, Filet mignon, Brust, Flügel, Keule, Oberschenkel, Unterschenkel, Innereien (Herz, Leber)

- Ente, Wachtel*
Filet, Brust, Flügel, Keule, Ober- und Unterschenkel, Innereien (Herz, Nieren, Leber)

- Kaninchen
Schulter, Keule, Rücken, Filet, Innereien (Herz, Nieren, Leber)

Hinweis: Innereien nicht häufiger als einmal pro Woche
*** höchstens dreimal pro Woche**

Algen

- Wakame, Kombu, Nori, Meersalat, Queller, Spirulina

Pilze

(gelten als Gemüse)
- Champignons, Austernsaitlinge, Steinpilze, Pfifferlinge, Shiitake, Morcheln, Trüffeln

Hülsenfrüchte

- Bohnen (weiße, schwarze, Lima-, Adzukibohnen usw.), Lupinensamen, Linsen, Puffbohnen, Erbsen, Luzerne, Sojabohnen (und Produkte aus Sojabohnen wie Sojamilch, Tofu, Tempeh usw.) => **mindestens dreimal pro Woche**

Getreide

- Hafer, Wildreis, schwarzer Reis, Quinoa, Amaranth, Roggen, Dinkel, Reisnudeln, Soba (Buchweizennudeln), Vollkornnudeln => **ein- bis zweimal pro Tag**

Schalenfrüchte und Ölsaaten

- Pekan-, Macadamia-, Para-, Wal-, Haselnüsse, Mandeln, Esskastanien, Pistazien, Sesam, Sonnenblumenkerne, Leinsamen, Chiasamen => **ein- bis zweimal pro Tag**

Milch und Milchprodukte
(Kuh, Schaf, Ziege)

- Kefir, Jogurt, Quark, Frischkäse, Weich- und Hartkäse usw. => **ein- bis zweimal pro Tag**

Fette

- kaltgepresstes Oliven-, Raps-, Sesam-, Haselnuss-, Soja-, Traubenkern-, Arganöl **(maximal 30–50 ml pro Tag)**, Butter **(maximal 20–30 g pro Tag)**

Essig

- Apfel-, Balsamico-, Walnuss-, Sherry-, Honigessig

- Um die Nährstoffe zu erhalten, sollten Lebensmittel schonend zubereitet werden, z. B. im Dampfgarer, Backofen, Wok, Dampfkochtopf, in Pergamentpapier oder auf dem Griddle (Grillplatte). Lange Garzeiten und zu große Hitze (über 90–100 °C) vermeiden.
- Essig und/oder der Saft von Zitrusfrüchten wie Zitrone oder Grapefruit in Marinaden machen Fleisch und Fisch ohne Hitzeeinwirkung zart.
- Die Aufbewahrung im Kühlschrank und Einfrieren sind schonende Konservierungstechniken. Dennoch: Nichts geht über frische Lebensmittel!
- Kaufen Sie frische Lebensmittel auf Märkten sowie in Hofläden, die lokale Produkte direkt vom Erzeuger anbieten – diese Zutaten sind nicht nur ernährungsphysiologisch wertvoll, sondern überzeugen auch mit einem intensiven Geschmack!

Die Speisekammer von Läufern

Süßungsmittel

- Honig, Agaven- und Ahornsirup, selbstgemachte Marmeladen, Konfitüren, Gelees

Kräuter, Gewürze und Aromaträger

- Anis, Basilikum, Bockshornkleesamen (Fenugreek), Bohnenkraut, Chilischoten, Curry, Dill, Estragon, Fenchelsamen, Gewürznelken, grüner Pfeffer, Ingwer, Kapern, Kardamom, Kerbel, Knoblauch, Koriander (frisch und Körner), Kreuzkümmel, Kümmel, Kurkuma, Lorbeerblätter, Meerrettich, Muskatnuss, Sellerie (Knolle), Majoran, Minze, Oregano, Paprikapulver, Peperoni, Perlzwiebeln, Petersilie, Piment, Ras el-Hanout (Gewürzmischung), rosa Pfeffer, Rosmarin, Safran, Salbei, Schalotten, Schnittlauch, schwarzer Pfeffer, Senf, Sesam, Sternanis, Suppengrün, Szechuanpfeffer, Thymian, weißer Pfeffer, Zimt, Zitronengras, Zitrusfrüchte, Zwiebeln

Getränke

- Quellwasser, Mineralwasser (mit und ohne Kohlensäure), Matetee, grüner Tee, Kräutertees usw.

Als Alltagsgetränk sind Mineralwässer mit niedrigem Mineralstoffgehalt zu bevorzugen. (Die Gesamtmenge sollte unter 1000 mg/l liegen.)

Im Fokus: Nudeln

Nudeln sind als Energielieferant bekannt. Sie sind reich an Kohlenhydraten (20 – 30 g pro 100 g gekochter Nudeln) und Eiweiß (3 – 5 g pro 100 g). Sie enthalten viel Gluten (was Allergiker beachten sollten), aber wenig Fett (unter 5 g pro 100 g). Was die Kalorien angeht, sind es nicht die Nudeln, die den Wert eines Gerichts in die Höhe treiben, sondern die oft fettreichen Soßen (mit Butter, Crème fraîche, Käse, Speck usw.), mit denen sie gegessen werden. Zur Versorgung mit Vitaminen und Mineralstoffen tragen Nudeln Magnesium, Zink, Phosphor, Kupfer, Eisen sowie Vitamin B1, B3 und B5 bei.

Läufer, die Nudeln lieben, aber Kalorien sparen wollen, können Pasta mit folgenden Tricks leichter und gesünder machen:

- **Butter durch pflanzliche Öle ersetzen**
- **Menge fleischhaltiger Beilagen reduzieren**
- **Bei Käse auf fettarme Sorten wie Ricotta, Kochkäse, Frischkäse (aus Kuh-, Ziegen- oder Schafmilch) oder Hüttenkäse ausweichen**
- **Milch durch pflanzliche Alternativen ersetzen und/oder Soßen auf Gemüsebasis mit Kräutern und Gewürzen bevorzugen**
- **Durch den stärkeren Einsatz von Kräutern und Gewürzen die Salzmenge reduzieren**

Obst und Gemüse der Saison

Frühjahr	Sommer	Herbst	Winter
GEMÜSE (2 bis 3 Portionen pro Tag)			
Auberginen, Blumenkohl, Chicorée, Erbsen, Fenchel, Friséesalat, Gurken, Kartoffeln, Karotten, Kopfsalat, Knoblauch, Mairübchen, Mangold, Porree, Radieschen, Rettiche, Rosenkohl, Rote Bete, Sellerie, Spargel, Spinat, Zucchini, Zwiebeln	Artischocken, Auberginen, Blumenkohl, Erbsen, Fenchel, Gemüsemais, Gurken, Grüne Bohnen, Karotten, Kartoffeln, Knoblauch, Kopfsalat, Mangold, Paprika, Porree, Radieschen, Rettiche, Rote Bete, Sellerie, Spargel, Speiserüben, Spinat, Tomaten, Weißkraut, Zwiebeln	Artischocken, Auberginen, Blumenkohl, Brokkoli, Chicorée, Feldsalat, Fenchel, Friséesalat, Gemüsemais, Grüne Bohnen, Gurken, Karotten, Kartoffeln, Knoblauch, Kopfsalat, Kürbisse, Mangold, Paprika, Porree, Radieschen, Rettiche, Rosenkohl, Rote Bete, Sellerie, Speiserüben, Spinat, Tomaten, Weißkraut, Zucchini	Chicorée, Endiviensalat, Feldsalat, Knoblauch, Karotten, Kartoffeln, Kürbisse, Porree, Rosenkohl, Rote Bete, Sellerie, Speiserüben, Spinat, Zwiebeln
OBST (2 bis 5 Portionen pro Tag)			
Äpfel, Birnen, Erdbeeren, Grapefruits, Himbeeren, Kirschen, Kiwis, Orangen, Rhabarber, Zitronen	Äpfel, Aprikosen, Birnen, Erdbeeren, Feigen, Heidelbeeren, Himbeeren, Kirschen, Melonen, Mirabellen, Nektarinen, Pfirsiche, Pflaumen, Rote Johannisbeeren, Schwarze Johannisbeeren	Äpfel, Birnen, Brombeeren, Grapefruits, Heidelbeeren, Kiwis, Mandarinen, Melonen, Orangen, Pflaumen, Pfirsiche, Quitten, Trauben	Äpfel, Birnen, Grapefruits, Kiwis, Mandarinen, Orangen, Zitronen

Die optimale Ernährung vor dem Laufen

Worauf es ankommt

Bevor der Körper eine Leistung erbringen soll, muss er vor allem gut mit Flüssigkeit versorgt werden. Außerdem ist auf gut gefüllte Energiespeicher zu achten, das gilt besonders für die Reserven in Form von Glykogen, um einer Unterzuckerung vorzubeugen. Dadurch werden Verdauungsprobleme vermieden, das Muskelgewebe ist bestens vorbereitet und wird sich nach dem Lauf schnell regenerieren.

Zur Unterzuckerung oder Hypoglykämie kommt es, wenn der Blutzuckerspiegel sinkt. Dann bekommen die Muskeln nicht die erforderliche Energie, was dazu führen kann, dass man das Training oder den Lauf abbrechen muss. Das Problem tritt häufig auf, wenn es vor dem Start eines Rennens mehrstündige Wartezeiten gibt und die psychische Anspannung steigt.

Optimierungspotenzial

Folgende Faktoren helfen, den Blutzuckerspiegel konstant zu halten:

- Gute Kohlenhydratreserven: Leere Depots provozieren eine kurzzeitige Überproduktion von Insulin – der Blutzuckerspiegel schießt in die Höhe und sackt wieder ab.
- Gutes Trainingsniveau: Je besser ein Läufer trainiert ist, desto effektiver kann sein Körper Energie speichern.
- Gute Ernährung: Eine kohlenhydratreiche Ernährung begünstigt das Wiederauffüllen der Glykogenreserven in der Muskulatur in den ersten Stunden nach dem Rennen (8 – 10 g/kg/Tag).

Parallel dazu sollte die Flüssigkeitszufuhr erhöht werden: 3 g Wasser sind notwendig, um 1 g Glykogen einzulagern. Deshalb empfehle ich, 2 – 3 Stunden vor dem Rennen reichlich Wasser (mindestens 2 l) und Kohlenhydrate zu sich zu nehmen.

Die Mahlzeiten sollten möglichst fettarm sein (tierische Fette reduzieren, nicht mit Öl kochen) und wenig Ballaststoffe enthalten (wenig Vollkornprodukte). Das erleichtert den Verdauungsprozess. Rohes Obst und Gemüse sind günstig für die Laufvorbereitung wegen ihres hohen Gehalts an Natrium, Kalzium und Magnesium, der basenbildenden Wirkung und des Wassergehalts.

Die Mahlzeit am Abend vor dem Lauf

Sie sollte einige Zeit vor dem Schlafengehen und 8 – 12 Stunden vor dem Lauf eingenommen werden. So kann man seine Glykogenreserven aufbauen, was sich positiv auf die Laufleistung auswirkt. Die Mahlzeit sollte reichlich Kohlenhydrate enthalten (8–10 g/kg) und leicht verdaulich sein, daher auf ballaststoffreiche Zutaten (Kohl, Schwarzwurzeln usw.) verzichten. Die Menge richtet sich nach der Dauer der sportlichen Herausforderung. Je länger der Lauf dauern wird, desto mehr Kohlenhydrate sollten Sie essen. Wie groß die Portionen dann tatsächlich ausfallen, hängt von der individuellen Konstitution ab. Jeder Körper ist anders.

Bestandteile des Vorabendmenüs

- Vorspeise aus gekochtem Gemüse (Suppe oder gedünstetes Gemüse in Vinaigrette mit Oliven-, Raps-, Weizenkeim- oder Walnussöl)
- Hauptgericht mit magerem Fleisch (Geflügel, Kaninchen, Kalb usw.) oder magerem Fisch (Seehecht, Seeteufel, Seelachs, Kabeljau usw.)
- Ballaststoffarme Getreidebeilage (weißer Reis, weiße Nudeln, Couscous, Quinoa), Kartoffeln oder Süßkartoffeln
- Dessert aus gekochten Früchten in Form von Kompott oder Püree und einem fettarmen Milchprodukt, vorzugsweise von Schaf oder Ziege, oder einem pflanzlichen Ersatz (Soja-, Haselnuss-, Mandelmilch)

Hinweis: Durch Kochen werden Lebensmittel, vor allem Früchte und Gemüse, leichter verdaulich. Eiweißlieferanten wie Fleisch und Fisch, die wenig Fett enthalten, sind „Magenputzer“, d. h. sie beschleunigen den Transport des Mageninhalts in den Darm, wo die Nährstoffe resorbiert werden. Vollkornprodukte sind ballaststoffreich und deshalb schwerer verdaulich.

Menüvorschlag

Kürbissuppe

In Zitrone mariniertes Hähnchenbrustfilet mit gewürztem Basmatireis und Karottenpüree

Schafmilchjoghurt mit Schwarzkirschkonfitüre

Gedünsteter Zimtapfel

Die letzte Mahlzeit vor dem Lauf ist sehr wichtig. Im Allgemeinen wird sie am Morgen des Lauftags, rund 8–12 Stunden nach der letzten Abendmahlzeit, eingenommen. Sie muss ganz besonders leicht verdaulich sein und von viel Flüssigkeit begleitet werden, sodass der Organismus optimal versorgt ist. Idealerweise isst man sie 3 Stunden vor dem Start. Im Rezeptteil finden sich Vorschläge. Der Wasserhaushalt sollte durch regelmäßiges Trinken in kleinen Mengen (150–200 ml, entspricht einem Glas) bis zum Rennbeginn stabil gehalten werden.

Die fünf Top-Lebensmittel vor dem Laufen

Rote Bete

Roh oder gekocht, warm oder kalt, geraspelt oder in Scheiben geschnitten, mit oder ohne Vinaigrette. Mit ihrem hohen Wassergehalt hält sie den Flüssigkeitshaushalt stabil.

- **Nährwerte** (gekocht, pro 100 g): Brennwert 37 kcal / Wassergehalt 88 % / Eiweiß 1,5 g / Kohlenhydrate 7,6 g (davon 7,2 g Zucker) / Ballaststoffe 1,7 g / Fett 0,1 g
- **Vorteile für die Laufvorbereitung:** Zufuhr von Wasser, Kohlenhydraten, Kalium, Magnesium, Vitamin C, Vitamin B1, Eisen, Zink

Karotte

Roh oder gekocht, als Vorspeise, Suppe, Beilage, Dessert oder Kuchen. Beugt Dehydrierung vor und gleicht einen durch Schwitzen bedingten Magnesiummangel aus.

- **Nährwerte** (roh, pro 100 g): Brennwert 31 kcal / Wassergehalt 89 % / Eiweiß 0,8 g / Kohlenhydrate 6,6 g (davon 6,4 g Zucker) / Ballaststoffe 2,6 g / Fett 0,3 g
- **Vorteile für die Laufvorbereitung:** Zufuhr von Wasser, Kohlenhydraten, Kalium, Magnesium

Hafer

Ideale Zutat für Müsli, Granola, Brot, Crêpes usw. Dank seines Gehalts an Kohlenhydraten und leicht verdaulichen Ballaststoffen liefert er viel Energie und wirkt magenberuhigend.

- **Nährwerte** (Flocken, in Wasser gekocht, pro 100 g): Brennwert 44 kcal / Wassergehalt 89 % / Eiweiß 1,4 g / Kohlenhydrate 7,3 g (davon 0 g Zucker) / Ballaststoffe 0,8 g / Fett 0,9 g
- **Vorteile für die Laufvorbereitung:** Zufuhr von Wasser, Kohlenhydraten, Kalium, Vitamin B1, Zink

Reis

Allroundtalent, ob im Salat, als Risotto oder in Form von Reisnudeln. Die Reis-Party am Abend vor dem Lauf findet immer mehr Liebhaber. Der hohe Gehalt an Eiweiß und Kohlenhydraten kommt den Energiereserven und dem Muskelaufbau zugute.

- **Nährwerte** (geschält, gekocht, pro 100 g): Brennwert 119 kcal / Wassergehalt 71 % / Eiweiß 2,3 g / Kohlenhydrate 26,3 g (davon 0 g Zucker) / Ballaststoffe 0,5 g / Fett 0,2 g
- **Vorteile für die Laufvorbereitung:** Zufuhr von Wasser, Kohlenhydraten, Kalium, Magnesium

Nudeln (siehe auch S. 24)

Standardgericht vieler Läufer vor dem Rennen. Wie beim Reis hoher Gehalt an Kohlenhydraten und Eiweiß.

- **Nährwerte** (Eiernudeln, gekocht, pro 100 g): Brennwert 124 kcal / Wassergehalt 70 % / Eiweiß 4,7 g / Kohlenhydrate 22,9 g (davon 0,6 g Zucker) / Ballaststoffe 1 g / Fett 1,2 g
- **Vorteile für die Laufvorbereitung:** Zufuhr von Wasser, Kohlenhydraten, Magnesium, Zink, Vitaminen

Die optimale Ernährung während des Laufens

Worauf es ankommt

Während des Laufens ist die Energiezufuhr wichtig, um die Versorgung der Muskeln aufrecht zu erhalten. Außerdem sollte man genügend Wasser trinken, Mineralstoffverluste ausgleichen und Müdigkeitserscheinungen vorbeugen. Dafür sind Energydrinks bestens geeignet. Für den Transport gibt es spezielle Gürtel mit Trinkflaschenhalter und sogenannte *camel bags*, das sind Trinkrucksäcke. Jeder Läufer entscheidet selbst, womit er am besten zurechtkommt.

Was Energydrinks können

Es ist ganz einfach: Während des Laufens verbraucht der Körper Energie. Diese wird zum größten Teil durch das Glykogen in der Leber und den Muskeln bereitgestellt. Der Glykogenvorrat baut sich durch die tägliche Ernährung (Frühstück, Mittagessen, Abendessen und eventuelle Zwischenmahlzeiten) auf. Eine gesunde, abwechslungsreiche Kost vorausgesetzt, sollte das für einen ein- bis anderthalbstündigen Lauf bei hoher, aber nicht maximaler Intensität ausreichen. Aber dann sind die Reserven erschöpft und wer weiterläuft, wird schwächer – es sei denn, er nimmt neue Nahrung auf, z. B. in Form eines Energydrinks.

Welche Zusammensetzung sollten sie haben?

Auf jeden Fall sollte ein Energydrink Kohlenhydrate und Natrium enthalten, idealerweise liefert er auch noch Magnesium. Magnesium unterstützt die Muskelkontraktion (Übertragung von Nervenimpulsen, Ausgleich des Säure-Basen-Haushalts, Freisetzung von Energie), wird bei körperlicher Anstrengung aller Art verbraucht und macht sich vor allem auf Langstreckenläufen positiv bemerkbar.

Ein Energydrink sollte zwischen 30 und 40 g Zucker pro Laufstunde liefern. Bei den gängigen Marken entspricht das ungefähr einer Menge von 500 ml.

Wie viel soll man während des Laufens trinken?

Diesen halben Liter sollte man in kleinen Portionen in regelmäßigen Intervallen trinken. Ich empfehle zwei bis drei Schlucke alle 7 – 10 Minuten, das ist meiner Erfahrung nach besser, als alle 30 Minuten eine halbe Flasche hinunterzustürzen. So ist ein kontinuierlicher Nachschub gewährleistet, der Magen wird nicht mit einer zu großen Menge auf einmal belastet und kann in aller Ruhe verdauen. Wichtig ist es, vom Start weg mit dem Trinken zu beginnen. Die Flasche erst nach einer Stunde Laufen hervorzuholen, ist zu spät.

Vorher testen

Egal, zu welchem Drink Sie greifen: Probieren Sie ihn im Training und hier vor allem bei längeren Läufen aus. Es wäre schade, wenn Sie erst am Wettkampftag merken, dass er nicht das Richtige für Sie ist!

Konkrete Mengen

- Mindestens 500 ml Getränk pro Stunde
- Mindestens 30 g Kohlenhydrate pro Stunde
- 200 – 300 mg Natrium pro Stunde (um den durch Schwitzen bedingten Verlust zu kompensieren)
- Mindestens 50 mg Magnesium pro Stunde, das ebenfalls mit dem Schweiß ausgeschieden wird. Bei heißem Wetter ist der Bedarf noch größer.

Kaufen oder selbst mixen?

Ein Rezept für einen hausgemachten Energydrink kann ich Ihnen nicht bieten. Der persönliche Geschmack, der tatsächliche Nährwert (Traubensaft ist nicht gleich Traubensaft; manche haben einen Fruchtanteil von 100 %, andere sind Zuckerwasser mit Traubenaroma), die verschiedenen Zuckerarten (Glukose, Fructose usw.) und weitere Faktoren, die es zu berücksichtigen gilt, machen es unmöglich, das optimale Getränk, noch dazu für verschiedene Laufdistanzen, zu präsentieren. Aber ein einfacher Basisdrink (500 ml), der mindestens 30 g Kohlenhydrate und 200 mg Natrium enthält, könnte wie folgt aussehen: 375 ml Orangensaft oder 270 ml Apfelsaft oder 200 ml Traubensaft oder 45 ml Fruchtsirup oder 40 g flüssigen Honig oder 30 g Haushaltszucker mit stillem Wasser auf 500 ml auffüllen und eine Prise Meersalz zugeben. Wer einen reichhaltigeren Drink bevorzugt, sollte sich im Fachhandel umsehen und die auf den Etiketten aufgedruckten Nährwerte kommerzieller Energydrinks vergleichen.

Was sollte man außerdem beim Laufen dabeihaben?

- Frisches Obst, Trockenfrüchte oder Fruchtpüree (Aprikosen, Orangen, Clementinen, Zitronen, Grapefruits, Ananas, Erdbeeren, Brombeeren, Himbeeren, Äpfel, Birnen, Pfirsiche, Trauben, Kirschen, Datteln, Feigen, Bananen usw.)
- Fruchtsaft (von Grapefruits, Ananas, Äpfeln, Trauben, Orangen, eventuell mit Banane angedickt)
- Gemüsesuppen (heiß oder kalt), Tomatensaft, Karottensaft usw.
- Nüsse und Ölsaaten (Cashew-, Hasel-, Walnüsse, Paranüsse, Mandeln, Esskastanien usw.)
- Mineralwasser (still, classic, medium)

Sehr praktisch während des Laufens sind Trockenfrüchte wie Feigen, Datteln, Rosinen, Haselnüsse, Mandeln usw. Die Auswahl ist groß, sodass jeder Läufer etwas nach seinem Geschmack finden kann, das er auch gut verträgt.

Die fünf Top-Lebensmittel während des Laufens

Banane

Der perfekte Snack in Hochleistungssituationen und sollte möglichst reif gegessen werden, das erleichtert die Verdauung. Reich an Kohlenhydraten und Kalium, unterstützt sie die Muskelfunktionen unter Belastung.

- **Nährwerte** (pro 100 g): Brennwert 89 kcal / Wassergehalt 74 % / Eiweiß 1,1 g / Kohlenhydrate 21 g (davon 17,2 g Zucker) / Ballaststoffe 2 g / Fett 0,3 g
- **Vorteile während des Laufens:** Zufuhr von Wasser, Kohlenhydraten, Kalium, Magnesium, Vitamin B6, Vitamin C

Mandel

Dank des hohen Gehalts an ungesättigten Fettsäuren sind Mandeln die perfekte Ergänzung zu Zuckerlieferanten, um den Energiebedarf in Belastungssituationen zu decken. Außerdem steuern sie Magnesium bei und gleichen damit den Verlust durch Schwitzen aus.

- **Nährwerte** (pro 100 g): Brennwert 576 kcal / Wassergehalt 5 % / Eiweiß 19 g / Kohlenhydrate 4,5 (davon 2,8 g Zucker) / Ballaststoffe 15 g / Fett 53,5 g
- **Vorteile während des Laufens:** Zufuhr von Kohlenhydraten, Fett, Kalium, Magnesium, Eisen, Kalzium, Vitamin B1

Apfel

Ob Gala, Granny Smith oder Golden Delicious – Äpfel sind nicht nur gute Kohlenhydratlieferanten, sondern auch Radikalfänger und stimulieren die Verdauung. Ihr Wasser- und Zuckergehalt hilft den Muskeln, auch unter Belastung gut zu funktionieren.

- **Nährwerte** (pro 100 g): Brennwert 49 kcal / Wassergehalt 85 % / Eiweiß 0,3 g / Kohlenhydrate 11,7 g (davon 11,6 g Zucker) / Ballaststoffe 2,1 g / Fett 0,3 g
- **Vorteile während des Laufens:** Zufuhr von Wasser, Zucker, Kalium

Getrocknete Aprikose

Klein und zuckersüß – Trockenaprikosen gehören zur Standardverpflegung vieler Läufer. Ihr Energie- und Mineralstoffgehalt bringt belastete Muskeln schnell wieder auf Hochtouren.

- **Nährwerte** (pro 100 g): Brennwert 204 kcal / Wassergehalt 23 % / Eiweiß 4 g / Kohlenhydrate 39,3 g (davon 39,3 g Zucker) / Ballaststoffe 13,7 g / Fett 0,6 g
- **Vorteile während des Laufens:** Zufuhr von Zucker, Kalium, Magnesium, Eisen, Vitamin B6, Vitamin C

Honig

Läufer, die Wert auf eine natürliche, aromatische Süße legen, sind mit Honig, ob in flüssiger oder cremiger Form, bestens bedient. In Kombination mit Wasser ist er ein perfektes Energygel.

- **Nährwerte** (pro 100 g): Brennwert 290 kcal / Wassergehalt 20 % / Eiweiß 0,4 % / Kohlenhydrate 76 g (davon 76 g Zucker) / Ballaststoffe 0 g / Fett 0 g
- **Vorteile während des Laufens:** Zufuhr von Zucker, Kalium

Die optimale Ernährung nach dem Laufen

Worauf es ankommt

Das Ziel ist erreicht, doch die Erholungsphase nach dem Laufen ist genau so wichtig wie die Vorbereitung und die Leistungsperiode selbst. Nun braucht der Körper ganz spezifische Dinge in der richtigen Dosis:

- Flüssigkeit und Mineralstoffe
- Kohlenhydrate, um die Glykogenreserven in Muskeln und Leber aufzufüllen
- Stoffe, die den Wiederaufbau der Muskeln, die Ausscheidung von Abbauprodukten und den Ausgleich des Säure-Basen-Haushalts fördern

Das braucht der Körper

Um den Säureüberschuss, der sich durch die körperliche Anstrengung gebildet hat, abzubauen, sollte man zu basischen Getränken, z. B. kohlesäurehaltigem Mineralwasser, greifen. Auch die Zufuhr von Kohlenhydraten ist wichtig, um erneut Glykogen in den Muskeln einzulagern. Die Nahrungsaufnahme sollte so bald wie möglich nach dem Laufen erfolgen. Je schneller man etwas isst, desto besser funktioniert der Wiederaufbau. Nach längerer physischer Belastung empfehle ich auch die Aufnahme von Eiweiß, was die Regeneration der Muskeln ebenfalls beschleunigt. Ein Zuviel davon hätte allerdings einen kontraproduktiven Effekt.

Was man nach dem Laufen essen kann

Nehmen Sie feste Nahrung zu sich, die dem gesamten Organismus guttut. Geeignet sind Trockenfrüchte (Rosinen, Aprikosen, Feigen usw.), Ölfrüchte und -saaten (Walnüsse, Haselnüsse, Mandeln), reifes Obst (roh oder gekocht) sowie Getreideprodukte (Reis, Quinoa, Tapioka usw.), pflanzliche Milchalternativen (Soja-, Mandel-, Hafer-, Haselnussmilch), nach Belieben gesüßt mit Honig, Rohrzucker, Ahornsirup oder Marmelade.

Vorschläge für einen Imbiss

- Müsli mit Walnüssen und getrockneten Aprikosen
- Granola mit Feigen
- Ingwerpudding
- Milchreis mit Mandeln und Karamell
- Quark mit Honig und Mandelsplittern

Wichtig: Trinken nicht vergessen! Bis zur nächsten Mahlzeit in regelmäßigen Abständen immer wieder etwas trinken (mindestens 1 l pro Stunde)

Menüvorschläge für eine Mahlzeit

- Exotischer Salat mit Feta
- Putenbraten in Apfelessig
- Tomaten à la provençale
- Knoblauchkartoffeln
- Zimtapfel im Pergamentpapier
- Linsen mit Tomaten
- Fischer-Duo
- Zucchinitopf

- gegrillter Ziegenkäse
- Fruchtcocktail
- Auberginen und Paprika mit Olivenöl
- Perlhuhnfilet mit Rosinen
- Flan von Sommergemüse
- Schafmilchjoghurt mit Agavensirup
- Salat aus drei Zitrusfrüchten

Obst und Gemüse

Für die Regeneration sind Obst und Gemüse unersetzlich. Sie fördern u.a. den Darmflora-Aufbau und die Nährstoffverwertung (z.B. die Absorption von Cholesterin und Kohlenhydraten, was für Menschen mit Herz-Kreislauf-Problemen und für Diabetiker wichtig ist). Als Radikalfänger schützen Obst und Gemüse die Zellen während des Laufens vor internen und externen Angriffen durch Infektionen, Umweltverschmutzung, emotionalen Stress, Nikotin oder intensive Sonnenstrahlung. Der Gehalt an Antioxidantien hängt auch von der Farbe der Gemüse und Früchte ab, da sie in den natürlichen Pigmenten vorkommen.

Rot: Lycopin

Wildpreiselbeeren, Cranberries, Erdbeeren, Kirschen, Granatäpfel, Guaven, Wassermelonen, Papayas, blaue Trauben, Rote Bete, Radieschen, Rettiche, Tomaten, Pfefferschoten, Paprika, Rotkraut usw.
Lycopin begünstigt die Aktivität anderer Antioxidantien, fördert die Verdauung und desensibilisiert die Haut gegenüber UV-Strahlung.

Grün: Lutein, Zeaxanthin, Betacarotin

Porree, Spinat, Erbsen, Petersilie, Zucchini, Schnittlauch, Kopfsalat, Feldsalat, Rucola, Kiwis, Äpfel usw.
Diese Antioxidantien wirken günstig auf das Herz-Kreislauf-System und den Zustand der Augen; speziell die Nachtsichtfähigkeit wird verbessert.

Blau, violett: Anthocyane, Resveratrol

Schwarze Johannisbeeren, Heidelbeeren, blaue Trauben, Feigen, Pflaumen, Acai-Beeren, Zwetschgen, Brombeeren usw.
Sie haben positiven Einfluss auf das Herz-Kreislauf-System, Leber- und Gehirnfunktionen und helfen dadurch, die Energieverwertung zu optimieren.

Gelb, orange: Betacarotin

Aprikosen, Ananas, Melonen, Clementinen, Orangen, Mangos, Grapefruits, Pfirsiche usw.
Dieses starke Antioxidans kann der Organismus in Vitamin A umwandeln. Es stärkt das Immunsystem, was Läufern im Winter einen besseren Schutz vor Infektionskrankheiten (Erkältungen, Nebenhöhlenentzündungen usw.) bietet.

Weiß, grau: Anthoxanthine

Bananen, Knoblauch, Pilze, Blumenkohl, Ingwer, Zwiebeln, Kartoffeln, Schwarzwurzeln, Topinambur, Pastinaken, Speiserüben usw.
Obwohl die blasse Farbe nicht viel Vitalität verspricht, ist sie ein Anzeichen für gute Radikalfänger, die sowohl das Herz wie auch das Immunsystem während des Laufens stimulieren.

Die fünf Top-Lebensmittel nach dem Laufen

Linsen

Linsen sind gehaltvoll, aber fettarm und liefern in Ergänzung zu Getreideprodukten Eiweiß und Kohlenhydrate. Ob als Suppe, Salat oder Beilage, warm oder kalt, versorgen sie den Organismus mit Kalium und fördern die Bildung von Glykogenreserven und den Muskelaufbau.

- **Nährwerte** (gekocht, pro 100 g): Brennwert 89 kcal / Wassergehalt 70 % / Eiweiß 8,2 g / Kohlenhydrate 12,6 g (davon 0,3 g Zucker) / Ballaststoffe 7,8 g / Fett 0,5 g
- **Vorteile für die Regeneration:** Zufuhr von Wasser, Kohlenhydraten, Eiweiß, Kalium, Magnesium, Eisen, Vitamin B6

Kartoffeln

Die Kartoffel ist unabhängig von der Zubereitungsart ein Multitalent, das die Muskeln nach dem Laufen optimal versorgt. Ihr Gehalt an Vitamin C macht sie zudem zu einem guten Radikalfänger.

- **Nährwerte** (im Ofen gegart, pro 100 g): Brennwert 104 kcal / Wassergehalt 72 % / Eiweiß 2,3 g / Kohlenhydrate 22,8 g (davon 0,6 g Zucker) / Ballaststoffe 2 g / Fett 0,1 g
- **Vorteile für die Regeneration:** Zufuhr von Wasser, Kohlenhydraten, Kalium, Eisen, Vitamin B6, Vitamin C

Esskastanien

Esskastanien sind reich an Kohlenhydraten und B-Vitaminen.

- **Nährwerte** (gegart, pro 100 g): Brennwert 174 kcal / Wassergehalt 52 % / Eiweiß 3 g / Kohlenhydrate 36,3 g (davon 6,7 g Zucker) / Ballaststoffe 6 g / Fett 2,7 g
- **Vorteile für die Regeneration:** Zufuhr von Kohlenhydraten, Kalium, Magnesium, Eisen, Vitamin B1, Vitamin B6, Vitamin C

Erbsen

Erbsen gehören zu den Leguminosen und sind frisch oder getrocknet eine Bereicherung des Speisezettels. Dank ihres Gehaltes an Eisen, das zur Bildung der roten Blutkörperchen erforderlich ist, tragen sie zur Sauerstoffsättigung der Muskeln nach dem Laufen bei.

- **Nährwerte** (gekocht, pro 100 g): Brennwert 62 kcal / Wassergehalt 78 % / Eiweiß 5,3 g / Kohlenhydrate 10 g / Ballaststoffe 6,1 g / Fett 0,4 g
- **Vorteile für die Regeneration:** Zufuhr von Wasser, Kohlenhydraten, Kalium, Magnesium, Eisen, Vitamin B1, Vitamin B6, Vitamin C

Süßkartoffeln

Süßkartoffeln werden ähnlich zubereitet wie Kartoffeln. Dank ihres Kaliumgehalts wirken sie positiv auf die Regeneration der Muskeln nach dem Laufen.

- **Nährwerte** (gekocht, pro 100 g): Brennwert 79 kcal / Wassergehalt 78 % / Eiweiß 1,7 g / Kohlenhydrate 16,3 g (davon 6,1 g Zucker) / Ballaststoffe 2,9 g / Fett 0,1 g
- **Vorteile für die Regeneration:** Zufuhr von Wasser, Kohlenhydraten, Kalium, Vitamin B6, Vitamin C

Mit Vorsicht zu genießen

Bei folgenden Nahrungsmitteln sollte man darauf achten, dass sie nur gelegentlich auf dem Speiseplan erscheinen. Das heißt nicht, dass sie grundsätzlich verboten sind.

- Industriell verarbeitete Produkte. Vorsicht vor allem bei Fertiggerichten
- Abgepackte, bereits gewürzte Rohkost- und Salatmischungen
- Panierte Fischfilets, Cordon bleu, Nuggets und andere frittierte Produkte, Pizza
- Vorgekochte Suppen, Eintöpfe und Gemüsegerichte
- Konserven aller Art: Gemüse, Hülsenfrüchte, Obst, Fleisch- und Fischgerichte usw.
- Fertigmahlzeiten aus dem Regal oder der Tiefkühltruhe: Gulasch, Pastagerichte, Eintöpfe, Aufläufe usw.
- Kartoffelpüreepulver, vorgekochte Reis- und Nudelzubereitungen
- Mit Schokolade und anderen fett- und zuckerreichen Zutaten versetzte Frühstückscerealien
- Schokoriegel, Kleingebäck (Croissants, Plundergebäck, Muffins, Cup Cakes usw.), Kuchen, Torten, Kekse usw.
- Toastbrot
- Margarine, Ketchup und andere Würzsoßen, Mayonnaise, Fertig-Salatdressing, Brotaufstriche usw.
- Gekaufte Fruchtzubereitungen, Desserts, Cremes, Puddings, Flans, Mousses usw.
- Fettfreie, fettreduzierte und „light"-Produkte, die oft Zusatzstoffe enthalten: Jogurt, Getränke, Fertiggerichte, Fertig-Salatdressing, Butter usw.
- Fruchtsaftzubereitungen, gezuckerte Getränke, Erfrischungsgetränke wie Coca-Cola
- Bonbons, weiße Schokolade, Kaugummi usw.
- Wurstwaren, besonders vor und während intensiven Laufzeiten, da sie zu viel Fett enthalten
- Fettes Fleisch: Kotelett, Haxen, Schweinebauch usw.
- Fast Food
- Alkohol aller Art: Bier, Wein, Sekt, Spirituosen usw.
- Gerichte aus der Mikrowelle und vom Holzkohlegrill

Läufer und Glutenunverträglichkeit

Immer mehr Läufer greifen zu glutenfreien Produkten. Meiner Meinung nach ist es nicht nötig, grundsätzlich auf Gluten zu verzichten, sofern keine Glutenunverträglichkeit (Zöliakie) diagnostiziert wurde. Sollte dies jedoch der Fall sein, kann sich die Allergie individuell verschieden äußern. Die einen reagieren mit Verdauungsproblemen (z.B. Durchfall), meist in Verbindung mit mehr oder weniger starken Ermüdungserscheinungen. Bei anderen zeigt sich ein rascher Gewichtsverlust, weil die Aufnahme von Nährstoffen durch die Dünndarmschleimhaut gestört ist. Mangelnde Eisenabsorption führt zu Blutarmut. Weitere Symptome sind Muskelprobleme, z.B. Krämpfe, und auf lange Sicht Osteoporose.

Läufer mit Glutenintoleranz sollten beim Einkaufen und im Restaurant beachten, dass viele Produkte, vor allem Brot, Nudeln, Kekse oder Gebäck, Gluten in Form von Mehl, Grieß, Cremes oder Flocken enthalten. Oft steckt das Gluten auch in Zusatzstoffen wie Binde-, Verdickungs- und Trennmitteln oder ist in Spuren vorhanden, weil das Produkt während des Herstellungsprozesses mit Fremdstoffen in Berührung gekommen ist.

Es ist grundsätzlich ratsam, möglichst unverarbeitete glutenfreie Naturprodukte zu kaufen und seine Mahlzeiten selbst zuzubereiten.

Glutenfreies Menü

Frühstück
Schwarzer Kaffee, bei Bedarf gesüßt mit Rohrohrzucker
Glutenfreies Brot
Butter (evtl. leicht gesalzen)
Feigenkonfitüre
Mandeln (ungesalzen)
Frisch gepresster Orangensaft

Mittagessen
Feldsalat mit Rapsöl
Gewürzte Hähnchenkeulen
Dampfkartoffeln
Spinat mit Béchamelsoße (als Soßenbinder Maisstärke benutzen)
Ziegenquark

Abendessen
Spalterbsensuppe
Gegrilltes Filet vom Wolfsbarsch
Estragonsoße (als Soßenbinder Maisstärke benutzen)
Basmatireis
Grüner Salat
Schafskäse
Birne

Gluten oder Klebereiweiß ist ein Proteingemisch, das in verschiedenen Getreidearten vorkommt: in Roggen, Hafer, Gerste, Weizen und dessen Verwandten Hartweizen, Weichweizen, Dinkel, Einkorn und Kamut.

Besondere Ansprüche an die Ernährung

Wie viel soll man essen?

Im Allgemeinen essen Läufer in der kalten Jahreszeit mehr, weil der Energiebedarf mit sinkenden Temperaturen steigt. Andererseits sollte einkalkuliert werden, dass die Trainingshäufigkeit eventuell abnimmt. Auf jeden Fall sollten sich Nahrungsaufnahme und Energieverbrauch die Waage halten und übermäßiges Essen vermieden werden.

Ziel ist es, Gewichtszunahmen während der Kälteperiode auf ein Minimum zu beschränken. Vor allem die Einlagerung von Fett ist unerwünscht. Für viele ist der Winter eine Phase der Erholung, die sportlichen Aktivitäten werden reduziert, sodass sich der gesamte Organismus regenerieren kann.

Was soll man essen?

Die Ernährung sollte möglichst reichhaltig sein und aus einer Kombination von hochwertigen Fettsäuren und nährstoffreichen Kohlenhydraten bestehen. Es empfiehlt sich, mehrmals pro Woche Fisch zu essen. Heringe, Sardinen, Makrelen, Lachs und Sardellen sind reich an Omega-3-Fettsäuren. Schalenfrüchte wie Haselnüsse, Walnüsse oder Mandeln sind gute Energielieferanten und reich an Aminosäuren, hochwertigen Fettsäuren, Eisen und Magnesium. Pflanzliche Öle (Raps-, Oliven-, Walnussöl) liefern die ungesättigten Fettsäuren Omega-3, 6 und 9, welche für den Stoffwechsel eine wichtige Rolle spielen. Butter, Käse und andere fettreiche Milchprodukte sind Antioxidantien, die Gefäße und Zellen schützen und den Organismus mit den Vitaminen A und D versorgen.

Hülsenfrüchte sind ideale Lebensmittel für den Winter, vor allem getrocknete Bohnen, Erbsen und Linsen. Sie haben einen niedrigen glykämischen Index (GI), sind jedoch reich an Proteinen und Kohlenhydraten. Auch Kartoffeln, Vollkornnudeln und Reis sind wertvolle Energielieferanten. Wer gerne Süßes isst, sollte Produkte mit Agaven- oder Ahornsirup, Birnen- oder Apfeldicksaft oder Honig bevorzugen. Sie enthalten mehr Mineralstoffe und wirken weit weniger säurebildend als raffinierter Industriezucker.

Wintergemüse und -früchte enthalten viele Ballaststoffe, die verdauungsfördernd wirken, sowie Antioxidantien (Betacarotin, Vitamin C, Vitamin E, Selen, Zink, Kupfer), welche die Zellen schützen. Inhaltstoffe wie Kalzium, Magnesium, Mangan, Kalium und Natrium regulieren den Säure-Basen-Haushalt, der bei körperlicher Belastung leicht zur Übersäuerung neigt. Vitamine der B-Gruppe beeinflussen den Auf- und Abbau von Aminosäuren, Proteinen und Kohlenhydraten. Die Vielfalt und der Nährstoffgehalt von Obst und Gemüse sind beeindruckend. Im Winter sollte man vor allem folgenden Sorten den Vorzug geben (die Liste ließe sich beliebig verlängern):

- Ananas (Kalium, Natrium, B-Vitamine)
- Avocados (Vitamin E)
- Bananen (Kalium)
- Karotten (Betacarotin)
- Kartoffeln (Vitamin C, Kalium)
- Kiwis (Vitamin C)
- Orangen (Flavonoide, Vitamin B1, Vitamin C)
- Papayas (Flavonoide, Carotine, B-Vitamine, Vitamin C, Kalium, Kalzium, Magnesium)
- Rettiche (Kalium, B-Vitamine, Carotin)
- Zitronen (Vitamin C)
- Zwiebeln (Kalium, Phosphor, Kalzium, Selen)
- Porree, Kürbis, Sellerie, Fenchel, Pastinaken, Mangold, Schwarzwurzeln, Topinambur, Kohl, Rote Bete, Speiserüben, Äpfel, Birnen, Esskastanien usw.

Eine optimale Ergänzung sind Meeresfrüchte (Austern, Jakobsmuscheln, Seeschnecken, Garnelen usw.). Sie enthalten Antioxidantien wie Magnesium, Kalzium, Chrom, Kupfer und Selen, die das Immunsystem unterstützen und den Körper gegen winterliche Härten rüsten. Der regelmäßige Verzehr von Honig, der reich an Mineralstoffen ist, stärkt die Abwehrkräfte.

Auch im Winter sollte man an den Wasserhaushalt denken und mindestens 1,5 l Flüssigkeit pro Tag trinken.

Der Saison angepasstes Trinken

- **Im Winter kommt ein Läufer mit einem einfachen Basisdrink (siehe Seite 31) aus.**
- **Das gleiche gilt für Zeiten, in denen hohe Luftfeuchtigkeit herrscht oder viel Regen fällt.**
- **In heißen oder trockenen Perioden ist es dagegen unerlässlich, den körpereigenen Wasserhaushalt mit 750 ml Flüssigkeit pro Stunde zu unterstützen. Zu diesem Zweck sollte der Basisdrink mit mindestens 50 % Wasser verdünnt werden.**

Wie können Vegetarier ihre Eiweißzufuhr optimieren?

Ideal wäre es, wenn die tägliche Ernährung alle acht essenziellen Aminosäuren (die der Körper nicht selbst aufbauen kann) in den erforderlichen Mengen enthielte: Threonin, Tryptophan, Lysin, Methionin, Phenylalanin, Isoleucin, Leucin und Valin.
Tierische Eiweiße, die z. B. in Milch, Milchprodukten, Eiern, Fleisch und Fisch vorkommen, liefern ein breites Spektrum an essenziellen Aminosäuren und gelten deswegen als hochwertig. Den in Leguminosen, Ölsaaten, Nüssen, Algen oder Getreide enthaltenen pflanzlichen Proteinen dagegen fehlt es oft an schwefelhaltigen Aminosäuren und Lysin. Aber es gibt Ausnahmen. Erbsen, Sojabohnen und Spirulina beispielsweise sind reich an Lysin. Deshalb sollte man verschiedene pflanzliche Proteinlieferanten intelligent miteinander kombinieren, um seinen täglichen Bedarf an allen acht essenziellen Aminosäuren zu decken.
Um eine optimale Eiweißzufuhr zu gewährleisten, wählt man am besten zwei Proteinquellen, die sich so ergänzen, dass alle acht essenziellen Aminosäuren vorhanden sind.

Beispiele füt solche Paare sind:

- Getreide (arm an Lysin) + Leguminosen (arm an schwefelhaltigen Aminosäuren, dafür reich an Lysin)
- Getreide + Ölsaaten (zwei schwefelhaltige Aminosäuren fehlen)
- Getreide und/oder Leguminosen + Algen (enthalten sämtliche essenziellen Aminosäuren)
- Getreide + Gemüse, die viel Lysin enthalten (Erbsen, Kohl, Pilze, grüne Bohnen)
- Getreide und/oder Ölsaaten + Soja (enthält alle essenziellen Aminosäuren)

Wann nach dem Laufen sollte man das Eiweiß zu sich nehmen und wie viel?

Der optimale Zeitpunkt für die Eiweißzufuhr ist gleich zu Beginn der Erholungsphase, direkt nach dem Laufen. Da brauchen die Muskeln dringend eine geballte Portion Aminosäuren, die in dem Moment wahre „Muskelbausteine“ sind. Ich empfehle eine Dosis von 10 – 20 g (je nach Körpergewicht) innerhalb von 15 bis spätestens 30 Minuten nach dem Lauf, insbesondere wenn er sehr lang und/oder anstrengend war. Am besten ist es, diese Proteine (egal, ob tierisch oder pflanzlich) während der (mindestens!) fünf- bis zehnminütigen Dehnungsübungen einzunehmen, die sich normalerweise an den Lauf anschließen. Es spricht nichts dagegen, gleichzeitig dieselbe Menge an Kohlenhydraten (Einfach- und Mehrfachzucker) zu essen, im Gegenteil – so erholen sich die Muskeln noch besser.

Was können Läufer tun, die oft unter Muskelkrämpfen leiden?

Krämpfe können aus diversen Gründen auftreten und nicht jeder ist in gleichem Maße anfällig dafür. Häufige Ursachen sind ermüdete Muskeln, Unterversorgung (besonders mit Kohlenhydraten), Flüssigkeitsmangel, zu hoher Salzverlust (bei heißem, trockenem Wetter), Übersäuerung (der Säure-Basen-Haushalt kann durch hohe Anstrengung aus dem Gleichgewicht geraten), eventuell in Verbindung mit Mineralstoffmangel (vor allem an basischen Elementen wie Magnesium, Kalzium, Kalium, Natrium, Eisen und Mangan) oder auch Unterversorgung mit Sauerstoff (unzureichende oder unregelmäßige Atmung, bedingt durch zu hohe Anstrengung, Gegenwind, Gespräche mit anderen Läufern usw.).
Um all diese Faktoren zu minimieren, sollte man ausreichend mit Mineralstoffen angereichertes Wasser trinken. Parallel dazu liefern auch hochwertige Kohlenhydrate wichtige Mineralstoffe, die günstig auf die Muskelfunktionen wirken. Ich empfehle die Aufnahme von 300–400 mg Natrium pro Laufstunde und dazu kaliumreiche Snacks wie Trockenfrüchte, Hülsenfrüchte, Bananen oder Kartoffeln.

Wie ernähren sich Läufer mit Lactoseintoleranz richtig?

Lactose kommt in der Milch von fast allen Säugetieren vor (Kuh-, Schaf-, Ziegenmilch). Wichtig ist, nicht gleich alle Milchprodukte vom Speisezettel zu streichen, da sie eine wichtige Kalziumquelle sind. Konsumieren Sie solche Milchprodukte, die Sie vertragen. Besonders günstig ist Hartkäse (Emmentaler, Gruyère, Parmesan), der keine Lactose mehr enthält. In halbfesten Schnittkäsen (Butterkäse, Edelschimmelkäse) und Weichkäsen (Brie, Camembert) ist Lactose dagegen noch in Spuren vorhanden. Frischkäse (Quark, Hüttenkäse) ist leicht verdaulich, weil die Lactose teilweise von Milchsäurebakterien abgebaut wurde.
Mein Rat: Finden Sie durch Probieren heraus, wo Ihre persönliche Toleranzgrenze liegt, und entscheiden Sie dann, was Sie Ihrem Körper zumuten können, ohne dass er mit Problemen reagiert. Denken Sie immer daran, Etiketten und andere Verbraucherinformationen aufmerksam durchzulesen – oft findet sich Lactose auch in industriell verarbeiteten Produkten (Fertiggerichte, Energieriegel usw.).
Wer unter ausgeprägter Lactoseintoleranz leidet, sollte auf jeden Fall alle Produkte meiden, die Milchpulver (auch Magermilchpulver), Molke oder Molkepulver enthalten.

Kann selbstgebackener Läuferkuchen das Frühstück vor dem Rennen ersetzen?

Läuferkuchen sind extrem gehaltvoll (ein Stück hat über 500 kcal) und dabei sehr leicht verdaulich, weil die Zusammensetzung stimmt. Sie sollten spätestens eine Stunde vor dem Start gegessen werden, eignen sich daher gut für Langschläfer und Läufer, die morgens keinen übermäßigen Appetit haben oder morgens keine großen Mengen essen können. Am besten probiert man die diversen Rezepte während der Trainingsphase aus, damit man vor dem Rennen weiß, was einem am besten bekommt.

Woran kann es liegen, wenn man während des Laufens Verdauungsprobleme bekommt?

Verdauungsprobleme können verschiedene Ursachen haben: Hitze, starker Flüssigkeitsmangel, zu fett- und ballaststoffreiches Essen vor dem Laufen, zu kurzer Abstand zur letzten größeren Mahlzeit, allergische Reaktionen (Milcheiweiß, Gluten), Einnahme von nichtsteroidalen Antirheumatika, übermäßige Kohlenhydratzufuhr (Energygels, zu süße Getränke) usw. Vorbeugend können Läufer probiotische Lebensmittel (die Milchsäurebakterien enthalten) essen, die die Darmflora verbessern, die Verdauung erleichtern und das Immunsystem stärken. Parallel dazu empfiehlt sich der Verzehr von Präbiotika (nicht verdaubare Lebensmittelbestandteile wie z. B. Inulin), die unter anderem in Artischocken, Spargel, Erdbeeren, Zichorien, Endiviensalat, Knoblauch, Zwiebeln, Porree, Honig und Getreide (Roggen, Gerste) enthalten sind. Sie unterstützen die Wirkung der Probiotika.

Sollte man auf nüchternen Magen laufen?

Nüchtern zu laufen sollte nicht zur Gewohnheit werden. Und man sollte nicht bis an seine Leistungsgrenze gehen, sondern ein langsames bis gemäßigtes Tempo anschlagen, um Verletzungen zu vermeiden und den Körper nicht zu quälen. Bei anspruchsvollen Läufen und Wettkämpfen ist ein leerer Magen unbedingt zu vermeiden. Der einzige Vorteil solch eines „Null-Diät-Laufs" ist das angenehm leichte Magengefühl.

Sind aufputschende Getränke beim Laufen ratsam?

Diese Getränke führen leicht zu Übersäuerung und erhöhen die Verletzungsgefahr für das Muskelgewebe, Bänder und Knochen. Koffein wirkt abführend und damit negativ auf den Wasserhaushalt. Eine zu hohe Kohlenhydratzufuhr kann Verdauungsstörungen verursachen. Von aufputschenden Getränken ist Läufern abzuraten.

Wie erkennt man, dass man unter Flüssigkeitsmangel leidet?

Wenn eine Dehydratation vorliegt, fehlt es dem Körper an Wasser und als Folge davon auch an Mineralsalzen. Deswegen ist es extrem wichtig, vor, während und nach dem Laufen zu trinken. Viele Läufer berichten, dass sie zwischen 0,5 l (Amateure) und 2,5 l (Marathonläufer) Flüssigkeit pro Laufstunde verlieren. Wer eines der folgenden Symptome bei sich feststellt, sollte öfter zur Trinkflasche greifen: beginnender Gewichtsverlust von 1–2 % bis zu 5 %, Durst, allgemeiner Leistungsabfall, schnelleres Ermüden, Antriebsschwäche, leichte Appetitlosigkeit, Übelkeit, Zittern, Hitzegefühl, Hyperthermie, Kopfschmerzen, heiße, trockene Mundhöhle und Lippen, abnehmende Urinmenge gekoppelt mit dunklerer Urinfarbe u. a.

Wenn Wassermangel nicht ausgeglichen wird, verschlechtert sich der Allgemeinzustand des Läufers mit zunehmendem Flüssigkeitsbedarf. Anzeichen dafür sind steigender Gewichtsverlust (über 5 %), Schlaflosigkeit, zunehmende Erschöpfung, sinkender Blutdruck, beschleunigter Puls (vor allem im Ruhezustand), Atemprobleme, Hitzewallungen, Erbrechen, Durchfall, Koordinationsschwierigkeiten, Gleichgewichtsstörungen, Krämpfe u. a.

Mein Rat: Sobald der Urin trüb wird, reichlich trinken! Nicht warten, bis ein Durstgefühl auftritt, sondern gleich mit Beginn des Laufens regelmäßig Flüssigkeit zuführen.

Wie entgiftet man den Körper nach Feierlichkeiten, Festessen, Partys usw., um ihn wieder fit fürs Laufen zu machen?

Pflanzliche Mittel helfen, den Organismus zu reinigen. Grüner Tee, Rosmarin, Löwenzahn, Schwarzrettich, Sauerkirschen, Birkenblätter, Oregano, Thymian, Desmodium und Chrysanthellum unterstützen die Leber und den Verdauungsapparat. Gewürze wie Kurkuma, schwarzer Pfeffer oder Zimt wirken entgiftend. Man kann sie verstärkt in der Küche verwenden, zu einem Tee aufbrühen oder als Nahrungsergänzungsmittel in Form von Tabletten oder Kapseln einnehmen. Wie oft und wie lange sie eingesetzt werden sollten, hängt von der individuellen Verfassung ab.

TEIL 2

Rezepte

Frühstück für Läufer

Die erste Aktion zu Tagesbeginn sollte etwas sein, auf das Sie sich freuen: das Frühstück.

Viele Läufer neigen dazu, diese Mahlzeit zu überspringen oder nur sehr wenig zu essen, weil sie Verdauungsprobleme beim Laufen befürchten.

Andere stehen unter Zeitdruck und schlingen das Frühstück in Eile hinunter, sodass es nicht die Energie spenden kann, die der Läufer braucht. Mit der Zeit wird sich das rächen: Die Folgen sind Leistungseinbrüche und erhöhtes Verletzungsrisiko.

Das Frühstück für Läufer sollte überwiegend aus kohlenhydratreichen Zutaten bestehen (Brot, Pfannkuchen, Gewürzkuchen, Obst usw.), die genügend Energie spenden. Ebenfalls wichtig sind Proteine (Milch, Schinken, Sportlerkuchen usw.). Sie schützen das Muskelgewebe vor Schäden durch die Erschütterung und Energie des Aufpralls beim Aufsetzen des Fußes auf dem Boden. Mit Fett sollte man dagegen sparen, um den Verdauungsapparat nicht mehr als notwendig zu belasten und Sodbrennen zu vermeiden.

Auf den folgenden Seiten mache ich fünf Vorschläge für ein ausgewogenes Frühstück, mit denen viele Läufer gute Erfahrungen gemacht haben. Hier bekommt der Körper schnell und ohne großen Aufwand alles, was er an Nährstoffen braucht. Es empfiehlt sich, nicht später als eine bis anderthalb Stunden vor dem Laufen zu frühstücken, damit der Körper Zeit hat, zu verdauen und die Nährstoffe aufzunehmen.

Es ist wichtig, sich Zeit zu nehmen, gründlich zu kauen und den Nahrungsbrei gut einzuspeicheln. Das ist bereits der erste Schritt zu einer effizienten Verdauung, die weder Magen noch Darm belastet.

Nicht die Kalorienzahl ist ausschlaggebend, sondern die Qualität der einzelnen Lebensmittel (Gehalt an Kohlenhydraten, Fett, Eiweiß, Mineralstoffen, Vitaminen usw.) entscheidet darüber, wie gut der Körper versorgt wird.

Die Rezepte sind für Sportler mittleren Leistungsniveaus gedacht. Wer nicht so viel essen will, reduziert die Mengen um ein Drittel. Wer großen Appetit hat, schlägt ein Drittel auf.

Nun gibt es wirklich keine Entschuldigung mehr, das Frühstück ausfallen zu lassen – auf die Plätze, fertig, los!

Süßer Läuferkuchen

Die süße Variante des Läuferkuchens besticht mit einem hohen Nährstoffgehalt, ist dabei aber leicht verdaulich. Ideal für ein Frühstück vor dem Laufen oder einen Imbiss vor dem Training unter der Woche.

Zutaten
für 4 Personen

300 g Weizenmehl
1 Päckchen Trockenhefe
20 g getrocknete, entsteinte Aprikosen
20 g getrocknete Feigen
20 g getrocknete Pflaumen
60 g Rosinen
1 EL gemahlene Mandeln
150 g Honig
40 cl Milch (1,5 % Fett)
1 EL Traubenkernöl
Öl für die Form

Zum Garnieren
Gehackte Bitterschokolade, Honig, Trockenfrüchte, ganze Mandeln usw.

Backofen auf 180 °C vorheizen.

In einer Schüssel das Mehl mit den übrigen Zutaten vermengen.

Eine Kastenform mit Öl auspinseln, die Teigmischung hineingeben. Den Kuchen in den Ofen schieben und rund 50 Minuten backen. (Für die Garprobe mit einem Holzstäbchen in die Mitte des Kuchens stechen. Klebt beim Herausziehen kein Teig daran, ist der Kuchen fertig.) Kuchen vor dem Anschneiden abkühlen lassen.

Zum Aufbewahren den Kuchen in ein sauberes Küchentuch oder in Frischhaltefolie einschlagen. Vakuumverpackt bleibt er 1–2 Wochen haltbar. Er kann auch, wie die meisten Kuchen, eingefroren werden.

GUT ZU WISSEN **Bei Glutenunverträglichkeit kann das Weizenmehl durch eine andere Mehlsorte (Mais-, Quinoa-, Kastanienmehl usw.) ersetzt werden. Bei Laktoseintoleranz auf Soja-, Reis- oder Hafermilch ausweichen.**

TIPP **Die gemahlenen Mandeln können durch andere öl- und eiweißreiche Schalenfrüchte (Haselnüsse, Walnüsse, Pistazien usw.) ersetzt werden. Sie alle steuern essenzielle Fettsäuren und Vitamin E bei, welche die Herzfunktion unterstützen. Außerdem liefern sie Mineralstoffe (Magnesium, Kalium usw.) für eine optimale Muskelkontraktion.**

Pikanter Läuferkuchen

Wem der Sinn gerade nicht nach Süßem steht oder wer generell Herzhaftes bevorzugt, wird den pikanten Läuferkuchen schätzen. Er ist eine gute Alternative zu Energydrinks, - gels und -riegeln, die oft (zu) viel Zucker enthalten.

Zutaten
für 4 Personen

300 g Weizenmehl
1 Päckchen Trockenhefe
100 g Karotten, geraspelt
50 g geräucherter Schinken
30 g grüne Oliven, gehackt
1 EL gemahlene Walnüsse
1 TL Currypulver
2 EL getrocknetes Basilikum
5 g Honig
400 ml Milch (1,5 % Fett)
2 Prisen Meersalz
Öl für die Form

Zum Garnieren
Piment d'Espelette, Kurkuma, bunte Pfeffermischung

Backofen auf 180 °C vorheizen.

In einer Schüssel das Mehl mit den übrigen Zutaten vermengen.

Eine Kastenform mit Öl auspinseln, die Teigmischung hineingeben. Den Kuchen in den Ofen schieben und rund 50 Minuten backen. (Für die Garprobe mit einem Holzstäbchen in die Mitte des Kuchens stechen. Klebt beim Herausziehen kein Teig daran, ist der Kuchen fertig.) Kuchen vor dem Anschneiden abkühlen lassen.

Zum Aufbewahren den Kuchen in ein sauberes Küchentuch oder in Frischhaltefolie einschlagen. Vakuumverpackt bleibt er 1–2 Wochen haltbar. Er kann auch, wie die meisten Kuchen, eingefroren werden.

GUT ZU WISSEN **Bei Glutenunverträglichkeit kann das Weizenmehl durch eine andere Mehlsorte (Mais-, Quinoa-, Kastanienmehl usw.) ersetzt werden. Bei Laktoseintoleranz auf Soja-, Reis- oder Hafermilch ausweichen. Für mehr Ballaststoffe Mehl der Typen 812 oder 1050 verwenden. Der Kuchen wird dadurch kompakter. Ballaststoffe sind gut für die Darmflora, die unter der Aufprallerschütterung beim Laufen leidet.**

TIPP **Wer einen luftigeren, weicheren Kuchen bevorzugt, greift zu Maismehl und hebt zwei steif geschlagene Eiweiße unter den fertigen Teig. Der Kuchen wird dadurch leichter verdaulich, die Nährstoffe können besser aufgenommen werden, Magenprobleme werden vermieden.**

Süß-salziger Läuferpfannkuchen

Was liefert viel Energie, ist nicht so hart wie ein Müsliriegel, aber auch nicht so wässrig wie ein Energydrink? Ein Pfannkuchen! Er ist weich, lässt sich gut kauen, schlucken und verdauen – vor und sogar während des Laufens.

Zutaten für 6 Pfannkuchen

130 g Weizenmehl
1 Ei
100 g Emmentaler Käse, gerieben
etwas Käse zum Bestreuen
60 g gemahlene Mandeln
250 ml Sojamilch
100 ml frisch gepresster Orangensaft
15 g brauner Zucker
Öl zum Braten

Vorschläge für Beilagen
Spargel, Kürbis, Tomaten, Rucola usw.

Mehl und Ei in eine Schüssel geben. Erst die Sojamilch, dann den Orangensaft nach und nach dazugießen und verquirlen. Zucker, Mandeln und Käse einstreuen und alles gut vermischen.

Den Teig ca. 1 Stunde bei Raumtemperatur ruhen lassen.

Eine Pfanne von 20 cm Durchmesser mit etwas Öl erhitzen. Ein Sechstel des Teigs hineingießen und gleichmäßig verteilen. Auf beiden Seiten 1 – 2 Minuten backen.

Den Pfannkuchen auf einen Teller gleiten lassen, den restlichen Teig in gleicher Weise verarbeiten. Fertige Pfannkuchen mit etwas Käse bestreuen und sofort servieren.

GUT ZU WISSEN **Dieses etwas andere Pfannkuchenrezept berücksichtigt den erhöhten Energiebedarf während des Laufens und bietet ein weites Spektrum an Kohlenhydraten und Proteinen. Im Vergleich zu einem Sandwich lässt sich ein Pfannkuchen viel leichter kauen, sodass die Atmung weniger beeinträchtigt wird.**

TIPP **Nach Belieben klein geschnittene frische oder getrocknete Früchte unter den Teig geben. (Vorsicht: Zu große Stücke erschweren das Kauen und die Verdauung.)**

Läufermüsli

Das Müsli ist nicht nur schnell zubereitet und leicht verdaulich, sondern enthält auch alles, was Läufer brauchen: hochwertige, sättigende Kohlenhydrate und Proteine. Für Sportler gibt es nichts Besseres, vor allem weil man die Zutaten je nach persönlichem Geschmack variieren kann.

Zutaten
für 4 Personen

600 g Quark
160 g Haferflocken
120 g Mandeln
80 g Rosinen
1 kleine Handvoll geschälte Sesamsaat
1 kleine Handvoll Kürbiskerne

Zum Garnieren
Gehackte Bitterschokolade, gehackter kandierter Ingwer, Buchweizenflakes, gepuffter Amaranth

Die Mandeln hacken.

Alle Zutaten in eine Schüssel geben und gut vermengen. Sofort servieren.

GUT ZU WISSEN **Noch leichter verdaulich wird das Müsli mit Jogurt anstelle von Quark. Wird eine flüssigere Konsistenz gewünscht, Milch (von Ziege, Kuh oder Schaf) oder pflanzlichen Milchersatz (Soja-, Haselnuss-, Reismilch usw.) zugeben.**

TIPP **Eine größere Menge der trockenen Zutaten (die nach Geschmack variieren können) mischen und in einem Vorratsglas mit Vakuumverschluss aufbewahren. Zum Verzehr nur noch Quark, Jogurt oder Milch unterrühren.**

Läufersmoothie

Smoothies sind schnell gemixt, werden vom Körper gut resorbiert und können mit ihrem ausgewogenen, konzentrierten Nährstoffgehalt eine Mahlzeit ersetzen. Das macht sie vor allem für Läufer mit kleinem Appetit interessant.

Zutaten
für 4 Personen

4 Bananen
4 frische Feigen
1 Handvoll Leinsamen
2 Zitronen
1 l Sojamilch

Nach Belieben
1 bis 2 Prisen Zimt oder Kurkuma, 1 TL Chia-Samen, 1 bis 2 Prisen Sesamsaat

Die Bananen und Feigen schälen und in Stücke schneiden.

Die Zitronen auspressen.

Die Fruchtstücke in einen Rührbecher geben, den Zitronensaft und die Leinsamen zugeben, alles mit einem Pürierstab oder im Mixer zu einem glatten, dickflüssigen Püree verarbeiten. Mit Sojamilch bis zur gewünschten Konsistenz verdünnen.

GUT ZU WISSEN **Smoothies sind Energielieferanten, Ballaststoffe, Mineralstoffe und Vitamine in geballter Form und können Mängel in der Ernährung ausgleichen.**

TIPP **Noch gehaltvoller und samtiger wird ein Smoothie durch die Beigabe von Sonnenblumen- oder Kürbiskernen.**

Läufer-Gewürzkuchen

Der Gewürzkuchen enthält kaum Fett, dank des Honigs jedoch viel Fructose – für Läufer eine perfekte Kombination. Fructose wirkt ausgleichend auf den Blutzuckerhaushalt und hilft, lange Strecken ohne Leistungseinbrüche durchzuhalten und sich danach schnell zu erholen. Zimt und Anis beugen Blähungen vor, Kreuzkümmel und Ingwer helfen bei der Verdauung.

Zutaten
für 4 Personen

250 g Weizenmehl
1 Päckchen Trockenhefe
1 Ei
150 g flüssiger Honig
250 g Orangenmarmelade
½ TL Anissamen
½ TL gemahlener Kreuzkümmel
½ TL Ingwerpulver
2 TL Zimtpulver
1 TL *quatre-épices* (Gewürzmischung)
2 TL heißes Wasser
4 EL Traubenkernöl
2 Prisen Meersalz
Öl für die Form

Nach Belieben
Mehr Muskatnuss, Vanille, Zitronat und/oder Orangeat

Backofen auf 180 °C vorheizen.

In einer Schüssel Mehl, Trockenhefe, Gewürze und Salz mischen. Eine Kuhle in die Mischung drücken und Honig und Öl hineingießen. Alles gut vermischen. Das Ei verquirlen und zusammen mit der Orangenmarmelade und dem Wasser zur Mischung geben. Kräftig rühren, bis ein glatter, klebriger Teig entsteht.

Eine Kastenform mit Öl auspinseln, den Teig hineinfüllen. Den Kuchen in den Ofen schieben und rund 1 Stunde backen. (Für die Garprobe mit einem Holzstäbchen in die Mitte des Kuchens stechen. Klebt beim Herausziehen kein Teig daran, ist der Kuchen fertig.) Den Kuchen vor dem Anschneiden abkühlen lassen.

Zum Aufbewahren den Kuchen in ein sauberes Küchentuch oder in Frischhaltefolie einschlagen. Vakuumverpackt bleibt er 1 – 2 Wochen haltbar. Er kann auch, wie die meisten Kuchen, eingefroren werden.

GUT ZU WISSEN **Mit sich ergänzenden Eigenschaften wirken die Gewürze positiv auf Verdauungsapparat, Gelenke und Muskeln. Honig und Mehl liefern sofort verwertbare Energie.**

TIPP **Weitere Geschmacksnoten ergeben sich, wenn Marmelade aus anderen Zitrusfrüchten wie Grapefruits, Mandarinen oder Zitronen verwendet wird. Auch ihr Zucker steht den Muskeln sofort zur Verfügung.**

Hauptgerichte für Läufer

Bedarf, Geschmack, Vorlieben und Gewohnheiten sind individuell und jeder Läufer muss für sich herausfinden, welche Gerichte ihm die notwendige Energie liefern und gleichzeitig seine Erwartungen bezüglich Konsistenz, Geschmack, Aroma, Farbe und Aussehen erfüllen.

Die Mengen müssen an das Leistungsniveau und die Trainingshäufigkeit angepasst werden. Die Angaben in diesem Buch gelten für Läufer mit mittelhoher sportlicher Belastung. Sie können um bis zu 50 % nach unten oder oben korrigiert werden, je nach Appetit und Anzahl der Läufe pro Woche.

Ob mild oder pikant, Fleisch oder Fisch, roh oder gekocht – alle Gerichte sind in ihrer Zusammensetzung ausgewogen und zugleich schmackhaft, sodass jeder etwas für seinen Gaumen finden kann.

Grundsätzlich ist es besser, vor dem Laufen keine Rohkost, sondern gekochte Mahlzeiten zu essen. Durch das Garen werden Lebensmittel, insbesondere Früchte und Gemüse, leichter verdaulich. Fettarme Eiweißlieferanten (Fleisch, Fisch) sind ebenfalls leichter verdaulich, d. h. der Weitertransport vom Magen in den Dünndarm, wo die Nährstoffe absorbiert werden, erfolgt schneller. Je weniger Ballaststoffe (Getreide und Getreideprodukte) die Nahrung enthält, desto weniger müssen Magen und Darm arbeiten. Wer darauf achtet, wird sich sofort leichter fühlen.

Am schonendsten gart man Speisen im Dampfkochtopf, im Dampfgarer, im Backofen und auf dem Griddle (Grillplatte). Ich empfehle, die letzte Mahlzeit spätestens 2 Stunden, besser 3 Stunden vor dem Laufen zu sich zu nehmen.

Sardinen-Rillette

Das Gericht besticht durch den Kontrast von knusprigem, getoastetem Brot und cremigem Sardinenaufstrich. Es ist schnell zubereitet und liegt nicht schwer im Magen – beste Voraussetzungen, um zum Lieblings-Runningfood zu werden. Es eignet sich als Vorspeise wie auch als Hauptgericht. Die in den Sardinen enthaltenen Omega-3-Fettsäuren unterstützen die Herzfunktion.

Zutaten für 4 Personen

8 Ölsardinen aus der Dose
4 dicke Scheiben Landbrot
3 Eier
2 Zitronen
Einige Halme Schnittlauch
4 EL Olivenöl

Zum Garnieren
Schwarzer Pfeffer, Schnittlauchröllchen oder gehackte Petersilie, Meersalz (sparsam verwenden)

Die Eier hart kochen und pellen.

Die Zitronen auspressen. Den Schnittlauch in Röllchen schneiden.

Die Sardinen abtropfen lassen, die Mittelgräte entfernen.

In einem Suppenteller hartgekochte Eier und Sardinen mit der Gabel zerdrücken. Zitronensaft, Schnittlauchröllchen und Olivenöl zugeben. Alles gut vermengen, bis eine homogene Paste entsteht. Rillette für einige Stunden in den Kühlschrank stellen.

Brotscheiben toasten und mit der Creme bestreichen.

GUT ZU WISSEN **Bei Glutenunverträglichkeit auf Brot aus Mais-, Quinoa- oder Einkornmehl ausweichen.**

TIPP **Neue Geschmacksrichtungen ergeben sich, wenn man andere Fischsorten verwendet, z. B. Makrelen, Anchovis, Thunfisch, Lachs usw.**

Thunfischtartar
mit Fenchel

Wer Rohkost mag, wird dieses Gericht lieben. Es erfreut den Gaumen mit seiner feinen Säure und delikaten Aromen, belastet aber nicht den Magen. Ein Leckerbissen vor oder nach dem Laufen.

Zutaten
für 4 Personen

400 g Thunfischfilet
1 Fenchelknolle
3 Schalotten
1 Zitrone
4 EL Olivenöl
2 EL Balsamicoessig
Salz, Pfeffer aus der Mühle

Zum Garnieren
Rosa Pfeffer, zerstoßene Korianderkörner, geriebene Muskatnuss, Meersalz (sparsam verwenden)

Die Schalotten schälen und hacken.

Die Zitrone auspressen. Den Thunfisch fein würfeln und mit Zitronensaft beträufeln.

Die Fenchelknolle putzen und in Stücke schneiden.

In einer Schüssel Thunfisch- und Schalottenwürfel mischen, mit Salz und Pfeffer abschmecken. Mit den Fenchelstücken auf Tellern anrichten, Öl und Essig darübergeben.

GUT ZU WISSEN **Sie können klein gewürfelte Paprikaschote (rot, gelb oder grün) zugeben. Das darin enthaltene Carotin ist ein Radikalfänger, schützt die Muskelzellen und beugt Ermüdungserscheinungen vor.**

TIPP **Anstatt den Thunfisch zu würfeln, kann man ihn in hauchdünne Scheiben schneiden und als Carpaccio servieren. Eine weitere Variante ist, die Hälfte zu Carpaccio und die andere Hälfte zu Tartar zu verarbeiten und beides auf dem Teller zu kombinieren.**

Ziegenkäsetaler in der Mandelkruste

Ein typisch französisches Gericht, das sich als Vorspeise ebenso eignet wie als abschließender Käsegang. Ein Rezept für Läufer, die allergisch auf Kuhmilch reagieren: Selbst bei Lactoseintoleranz (schwere Fälle ausgenommen) wird es gut vertragen.

Zutaten
für 4 Personen

120 – 150 g Ziegenfrischkäse (Rolle)
1 gute Handvoll Mandeln
1 Handvoll Mischsalat
4 – 8 Scheiben Vollkornbrot
Kräuter der Provence
4 EL Balsamicoessig
80 g flüssiger Honig

Zum Garnieren
Schnittlauch, Sesamsaat (geschält oder schwarz), schwarzer Pfeffer

Den Ziegenfrischkäse in 1 cm dicke Scheiben schneiden.

Die Mandeln stifteln oder hacken, auf einem Backblech verteilen und im Backofen 3 – 4 Minuten rösten.

Die Käsetaler auf Teller verteilen, mit Honig beträufeln und mit den Mandeln bestreuen. Die Brotscheiben rösten und zusammen mit dem Salat auf den Tellern anrichten. Salat mit den Kräutern der Provence bestreuen und 1 EL Balsamicoessig darüberträufeln.

GUT ZU WISSENN **Es lohnt sich, verschiedene Ziegenkäsesorten (Rocamadour, Chabichou, Saint-Maure usw.) auszuprobieren. Ziegenkäse liefert wichtige Mineralstoffe, darunter Kalzium, das die Muskelkontraktion positiv beeinflusst.**

TIPP **Läufer, die nicht allergisch auf Milcheiweiß reagieren, können dieses Rezept auch mit Frischkäse aus Kuh- oder Schafmilch zubereiten und damit Abwechslung in den Speiseplan bringen.**

Exotischer Salat mit Feta

Zwei Zutaten geben diesem sommerlichen Salat den geschmacklichen Kick: Olivenöl und Fetakäse. Die ausgewogene Vielfalt von Nährstoffen und die gute Magenverträglichkeit machen dieses Rezept zu einem Top-Tipp, vor allem für Vegetarier.

Zutaten
für 4 Personen

1 großes oder 2 kleine Chicoréeherzen
100 g Feta
2 Tomaten
1 Gurke
40 g Rosinen
1 Handvoll rosa Pfefferkörner
4 EL Olivenöl
2 EL weißer Balsamicoessig

Nach Belieben
Kleine schwarze Oliven, Ringe von roten Zwiebeln, Szechuanpfeffer

Den Feta würfeln und mit den Rosinen und den rosa Pfefferkörnern in einen Behälter geben. Mit dem Olivenöl beträufeln und für 1 Stunde in den Kühlschrank stellen.

Den Chicorée waschen und putzen, die Strünke entfernen, die Blätter in Streifen schneiden.

Die Gurke und die Tomaten waschen und klein schneiden.

In einer Schüssel die Chicoréeblätter mit den Gurken- und Tomatenstücken vermengen, die Fetamischung zugeben und den Essig darüberträufeln. Alle Zutaten vorsichtig mischen.

GUT ZU WISSEN **Die verschiedenen Gemüse liefern Vitamine, der Feta Proteine und die Rosinen steuern Kohlenhydrate bei.**

TIPP **Für Abwechslung sorgen Tomaten in verschiedenen Farben (weiß, gelb, grün, rosa, schwarz, gestreift usw.), Formen (groß, klein, glatt, gefurcht usw.) oder verschiedener Konsistenz (fest, weich, saftig, mehlig usw.). Tomaten sind reich an Lycopin und wirken als Radikalfänger, was der Muskelermüdung vorbeugt.**

Kartoffelsalat
an mit Feta gefüllten Paprikaschoten

Kartoffeln sind der perfekte Energielieferant für die Muskeln. Sie enthalten außerdem viel Kalium und tragen somit auch zur Regeneration der Muskeln nach dem Laufen bei.

Zutaten
für 4 Personen

400 g Kartoffeln
1 große Zwiebel
8 Mini-Paprikaschoten
100 g Feta
1 EL Kräuter der Provence
3 EL Honigessig
5 EL Olivenöl

Nach Belieben
Kreuzkümmel, Petersilie, Kräuter der Provence

Die Kartoffeln schälen, waschen und in Würfel schneiden. Die Kartoffelwürfel 10–15 Minuten dämpfen und abkühlen lassen.

Die Zwiebel schälen und in Ringe schneiden.

Den Feta klein würfeln und mit Kräutern der Provence und 1 EL Olivenöl mischen.

Die Mini-Paprikaschoten waschen. Einen Deckel abschneiden und die Samen entfernen. Die Schoten mit der Fetamischung füllen.

In einer Schüssel Kartoffelwürfel und Zwiebelringe vermengen, das restliche Olivenöl und den Essig zugeben, alles gut vermischen.

Den Kartoffelsalat und je zwei gefüllte Paprikaschoten auf einem Teller anrichten.

GUT ZU WISSEN **Diese ausgewogene Mahlzeit liefert Energie und Vitamine.**

TIPP **Je nach Geschmack können die Kartoffeln durch einen anderen Stärkelieferanten ersetzt werden, z. B. Süßkartoffeln, Steckrüben oder Yamswurzeln.**

Spargelcremesuppe
mit Kurkuma

Suppen kommen nie aus der Mode. Kalt serviert sind sie im Sommer eine herrliche Erfrischung, im Winter wärmt nichts so gut wie ein Teller heiße Suppe. Bei den Zutaten gibt es unendlich viele Möglichkeiten; man könnte jeden Tag ein neues Suppenrezept kreieren. Kurkuma ist ein starkes Antioxidans, wirkt entzündungshemmend und bringt den ganzen Organismus auf Vordermann.

Zutaten
für 4 Personen

800 g weißer Spargel (frisch oder tiefgekühlt)
1 Kartoffel
100 ml Sojasahne
1 EL Kurkuma
Salz, Pfeffer aus der Mühle

Nach Belieben
Salbei, Safran, Basilikum, Meersalz (sparsam verwenden)

Die Kartoffel und den Spargel schälen, waschen und klein schneiden.

In einem Topf Wasser zum Kochen bringen. Die Spargel- und Kartoffelstücke 15–20 Minuten darin garen, abgießen, das Kochwasser auffangen. Das Gemüse pürieren und so viel Kochwasser zufügen, bis eine cremige Suppe entsteht.

Die Sojasahne und das Kurkumapulver unterrühren. Die Suppe mit Salz und Pfeffer abschmecken und sofort servieren.

GUT ZU WISSEN **Kurkuma senkt das Risiko von Muskelverletzungen beim Laufen und lässt Muskeln nicht so schnell ermüden. Sojasahne ist weniger fett als Crème fraîche und liefert Omega-3-Fettsäuren für das Muskelgewebe.**

TIPP **Durch Zugabe eines Stärkelieferanten wie Esskastanien, Kartoffeln oder Süßkartoffeln kann der Brennwert der Suppe erhöht werden, was den Muskeln zugutekommt.**

Hähnchenschnitzel in Cidresoße
mit Quinoa und gebratenen Tomaten

Sportler schätzen Geflügel, sei es, um Gewicht zu reduzieren, sei es, um sich auf einen Wettkampf vorzubereiten. Es ist reich an Proteinen, enthält aber nur wenig Fett und Kohlenhydrate. Damit passt es als kalorienarmer Eiweißlieferant perfekt in den Diätplan. Knoblauch verbessert die Blutzirkulation und hilft, Mikroben zu bekämpfen.

Zutaten
für 4 Personen

800 g Hähnchenschnitzel
300 g Quinoa
4 Tomaten
4 Knoblauchzehen, gehackt
Einige Stängel glatte Petersilie, gehackt
300 ml Sojasahne
2 Gläser süßer Cidre
4 EL Olivenöl
Salz, Pfeffer aus der Mühle

Nach Belieben
Thymian, Kurkuma, *quatre-épices* (Gewürzmischung), Meersalz (sparsam verwenden)

600 ml Wasser zum Kochen bringen. Die Quinoa darin bei kleiner Hitze ca. 15 Minuten garen (eventuelles Restwasser abgießen) und warm halten.

In einer Pfanne 2 EL Olivenöl erhitzen und die Hähnchenschnitzel darin auf beiden Seiten 3 Minuten braten. Mit dem Cidre ablöschen und alles ca. 5 Minuten bei mittlerer Hitze köcheln lassen. Die Sojasahne unterrühren. Die Schnitzel und die Soße warm halten.

Die Tomaten halbieren, die Schnittflächen mit Knoblauch und Petersilie bestreuen. Restliches Olivenöl in einer Kasserolle erhitzen und die Tomatenhälften darin 3–4 Minuten sanft braten.

Die Hähnchenschnitzel mit der Soße, die Tomatenhälften und die Quinoa auf Tellern anrichten, nach Geschmack mit Salz und Pfeffer würzen.

GUT ZU WISSEN **Tomaten sind appetitanregend und enthalten Antioxidantien, wie z. B. Lycopin, das für die rote Farbe verantwortlich ist. Damit beugen sie Ermüdungserscheinungen vor.**

TIPP **Wenn Sie keine Sojaprodukte verwenden möchten, können Sie die Sojasahne durch Crème fraîche ersetzen, gegen deren gelegentlichen Genuss nichts einzuwenden ist.**

Lachs mit Sojasoße
und Couscous

Lachs, besonders wenn er aus Schottland oder Irland stammt, ist ein geschmackliches Erlebnis, das hochwertige Nährstoffe für die Regeneration nach dem Laufen liefert. Schnittlauch wirkt als Radikalfänger und beugt Muskelschäden durch Dauerbelastung vor.

Zutaten
für 4 Personen

800 g Lachsfilet
250 g Couscous
1 gelbe oder rote Zwiebel
Einige Halme Schnittlauch
300 ml Sojasoße
2 EL Olivenöl
Salz, Pfeffer aus der Mühle

Nach Belieben
Basilikum, Bohnenkraut, Safran, Zesten von Zitrusfrüchten, Meersalz (sparsam verwenden)

Die Zwiebel schälen und fein würfeln. Den Schnittlauch waschen und in Röllchen schneiden.

Das Olivenöl in einem Topf erhitzen, Zwiebelwürfel und Schnittlauchröllchen darin bei kleiner Hitze 3 Minuten anschwitzen. Dann die Lachsfilets hineinlegen, die Sojasoße dazugießen und alles einige Minuten köcheln lassen, bis die Soße auf die Hälfte eingekocht ist.

In der Zwischenzeit den Couscous nach der Packungsanweisung zubereiten.

Den Couscous auf die Teller verteilen, die Lachsfilets und die Sojaoße daneben anrichten. Nach Geschmack salzen und pfeffern.

GUT ZU WISSEN **Das ausgewogene Diätgericht eignet sich gut zur Regeneration, da es Kohlenhydrate, Proteine und Omega-3-Fettsäuren enthält. Zusammen fördern sie den Wiederaufbau des durch das Laufen angegriffenen Muskelgewebes.**

TIPP **Den Lachs in Essig und/oder dem Saft von Zitrusfrüchten marinieren und vorgaren. Die Marinade zum Ablöschen verwenden.**

Putengeschnetzeltes mit Curry
und Wildreis mit Mandelmilch

Geflügel und insbesondere Putenfleisch überzeugt durch seinen hohen Protein- und vergleichsweise niedrigen Fettgehalt. Dieses Gericht ist ideal für Phasen, in denen Läufer Fettreserven abbauen wollen, ohne die Muskelmasse zu reduzieren (mit oder ohne Gewichtsverlust).

Zutaten
für 4 Personen

800 g Putenschnitzel
300 g Wildreis
1 l Mandelmilch
1 EL Currypulver
4 EL Olivenöl
Salz, Pfeffer aus der Mühle

Zum Garnieren
Honig, Kardamom, Salbei, Meersalz (sparsam verwenden)

In einem Topf 2 EL Olivenöl erhitzen und den Reis darin anschwitzen. Die Mandelmilch zugießen, salzen und pfeffern. Den Reis auf kleiner Flamme rund 45 Minuten quellen lassen, bis er die Flüssigkeit aufgesogen hat.

In der Zwischenzeit die Putenschnitzel in Streifen schneiden. Das restliche Olivenöl in einer Pfanne erhitzen, die Putenstreifen und das Currypulver zugeben und bei mittlerer Hitze 5 Minuten braten.

Reis und Putenstreifen auf Tellern anrichten und nach Geschmack salzen und pfeffern.

GUT ZU WISSEN **Wildreis enthält Ballaststoffe, die sich positiv auf die Verdauung auswirken. Er ist außerdem reich an Kalium und Magnesium, zwei wichtige Mineralstoffe, die beim Laufen mit dem Schweiß ausgeschieden werden.**

TIPP **Um Konsistenz und Geschmack des Gerichts zu variieren, kann man mit anderen Reissorten experimentieren: Basmatireis, Thai-Reis, schwarzer Reis, Duftreis, Reismischungen usw. Ungeschälter Reis enthält die meisten Nährstoffe, da er kaum verarbeitet wird. Parboiled-Reis ist ebenfalls sehr gesund, da er dampfbehandelt wird und die Nährstoffe dabei ins Innere des Reiskorns gepresst werden. Vorsicht vor Schnellkochreis: Er wird stark bearbeitet, um die Garzeit zu verkürzen.**

Linguine mit Pfifferlingen
und Auberginen

Jeder Läufer kennt sie, die Pastapartys am Vorabend eines Wettkampfs. Nudeln in allen Variationen. Keine Frage, Pasta mit Butter ist ein Hochgenuss, doch es lohnt sich, dieses Rezept auszuprobieren. Knoblauch wirkt verdauungsfördernd und schützt die Magenschleimhaut vor aggressiven Nahrungsbestandteilen (Säure, chemische Zusätzen usw.).

Zutaten
für 4 Personen

150 g Linguine
400 g Pfifferlinge
2 Auberginen
2 gelbe Zwiebeln
3 oder 4 Knoblauchzehen
8 EL Sojasahne
4 EL Olivenöl
Salz, Pfeffer aus der Mühle

Nach Belieben
Basilikum, geriebener Ziegenkäse, *colombo* (Gewürzmischung von den Antillen), Meersalz (sparsam verwenden)

Die Auberginen waschen und in Scheiben oder Würfel schneiden. Die Zwiebeln schälen und in Ringe schneiden. Den Knoblauch schälen und hacken. Die Pfifferlinge unter einem schwachen Wasserstrahl putzen.

Olivenöl in einer hohen Pfanne erhitzen, die Zwiebeln und Auberginen darin 5 Minuten bei mittlerer Hitze anbraten. Die Pfifferlinge zugeben, alles bei schwacher Hitze 10 Minuten weiterbraten, dann salzen und pfeffern. Die Sojasahne und den Knoblauch zugeben. Alles gut vermischen und etwas einkochen lassen.

In der Zwischenzeit Salzwasser in einem großen Topf zum Kochen bringen und die Linguine nach der Packungsanweisung garen und abgießen.

In einer Schüssel die Linguine mit der Soße vermischen, mit Salz und Pfeffer abschmecken und sofort servieren.

GUT ZU WISSEN **Mehr Ballaststoffe liefern Vollkornnudeln. Ballaststoffe erleichtern die Absorption von Nährstoffen, insbesondere von Kohlenhydraten, und vermitteln ein länger anhaltendes Sättigungsgefühl.**

TIPP **Für Abwechslung auf dem Teller sorgen andere Pastasorten wie Farfalle, Penne, Spaghetti, Conchiglie usw.**

Fischauflauf mit Zucchini und Ingwer

Ein Essen für die ganze Familie, magenfreundlich und mit allen wichtigen Nährstoffen, das Abwechslung in den Speiseplan bringt. Läufer profitieren von der ausgewogenen Zusammensetzung mit Proteinen, essenziellen Fettsäuren, Ballaststoffen, Eisen und Kalzium.

Zutaten für 4 Personen

300 g Fischfilet (Lachs, Seelachs, Kabeljau usw.)
4 mittelgroße Zucchini
100 – 150 g Miesmuscheln
3 Eier
1 große Zwiebel
1 Kräutersträußchen
1 EL frischer Ingwer, gerieben
50 g Gruyère, gerieben
10 g Parmesan, gerieben
150 g Quark (20 %)
3 EL Sojasahne
1 EL Maisstärke
500 ml Weißwein
Semmelbrösel
Salz, Pfeffer aus der Mühle

Nach Belieben
Knoblauch, Estragon, Cayenne-Pfeffer, Meersalz (sparsam verwenden)

Die Zucchini waschen und in Scheiben schneiden. In wenig Wasser 10 Minuten dämpfen und in einer feuerfesten Form verteilen.

Die Zwiebel schälen und vierteln. Die Muscheln gründlich waschen und zusammen mit den Zwiebelvierteln, dem Kräutersträußchen und dem Weißwein in einen großen Topf geben. Bei mittlerer Hitze kochen, bis sich die Muscheln geöffnet haben.

Die Zwiebelviertel herausnehmen, den Muschelsud abgießen und auffangen. Die Zwiebelviertel im Sud pürieren. Die Maisstärke mit der Sojasahne glattrühren und den Sud damit binden. Dann die Eier, den Käse und den Ingwer unterrühren, Gemisch mit Salz und Pfeffer abschmecken.

Den Backofen auf 200 °C vorheizen.

Die Fischfilets in vier gleich große Stücke schneiden. Die Muscheln aus der Schale lösen. Beides auf den Zucchini verteilen. Die Eiersoße darübergießen und mit Semmelbröseln bestreuen. 45 Minuten backen und sofort servieren.

GUT ZU WISSEN **Maisstärke (oder Kartoffelstärke) wird auch von Läufern mit Glutenintoleranz vertragen. Ingwer ist ein Antioxidans und schützt vor Verletzungen, die beim Laufen auftreten können.**

Kalbsschnitzel
mit Szechuanpfeffer und frischen Fettuccine

Ähnlich wie Geflügel ist auch Kalbfleisch recht mager, liefert dazu viel Eiweiß bester Qualität. Es enthält außerdem Zink, das die Immunabwehr des Körpers stärkt. Pfeffer hat einen positiven Einfluss auf die Leber, was für die Vorbereitung auf wichtige Läufe eine Rolle spielt.

Zutaten
für 4 Personen

4 Kalbsschnitzel à 200 g
3 EL Szechuanpfeffer, grob gemahlen
300 g frische Fettuccine (Bandnudeln)
300 ml Sojasahne
2 EL Olivenöl

Nach Belieben
Zitronenschale, Leinsamen, Sesamsaat, Meersalz (sparsam verwenden)

Die Fettuccine in reichlich Salzwasser al dente kochen, abgießen und warm halten.

Olivenöl in einer Pfanne erhitzen, die Schnitzel bei guter Hitze von beiden Seiten 3–4 Minuten braten, herausnehmen, auf einen Teller legen und warm stellen.

Den zerstoßenen Szechuanpfeffer zum Bratfond in die Pfanne geben, mit der Sojasahne ablöschen.

Schnitzel und Fettuccine auf Tellern anrichten, mit der Pfeffersoße überziehen.

GUT ZU WISSEN **In Kombination mit anderen Gewürzen hilft Pfeffer dem Körper, diese besser aufzunehmen.**

TIPP **Sie können die Nudeln selbst herstellen. Verwenden Sie dafür Vollwertmehl (von Mais, Kastanien, Hafer, Leinsamen, Bohnen usw.), das reichlich Ballaststoffe enthält.**

Hähnchen in Pergamentpapier
mit Zitrusmarinade und Honig-Chicorée

In Kombination mit Olivenöl entfaltet Sesamöl seine wohltuende Wirkung auf Herz und Blutgefäße. Grapefruits sind reich an Vitamin C, einem Radikalfänger, der die Muskelzellen während des Laufens vor Verletzungen schützt und Entzündungen im Hals-Nasen-Ohren-Bereich entgegenwirkt.

Zutaten
für 4 Personen

4 Hähnchenschnitzel
Saft von 2 Zitronen
Saft von 1 Grapefruit
600 g Chicorée
2 EL flüssiger Honig
2 EL Apfelessig
4 EL Sesamöl
4 EL Olivenöl
Salz, Pfeffer aus der Mühle

Nach Belieben
Knoblauch, Estragon, Cayenne-Pfeffer, Meersalz (sparsam verwenden)

In einem tiefen Teller Säfte, Essig und Sesamöl mit Salz und Pfeffer zu einer Marinade verrühren. Die Hähnchenschnitzel in dicke Streifen schneiden und in die Marinade legen. Mit Frischhaltefolie abdecken und für 3 Stunden in den Kühlschrank stellen.

Den Backofen auf 200 °C vorheizen.

Den Chicorée waschen, putzen und in Streifen schneiden. Olivenöl und Honig in einem Bräter erhitzen, die Chicoréestreifen 5 Minuten darin anschwitzen, salzen und pfeffern.

Kochpergament auslegen, je ein Häufchen Chicorée in die Mitte geben und das Fleisch darauflegen. Die Portionen zu festen Päckchen wickeln, im Ofen 25–30 Minuten backen. Zum Servieren die Päckchen auf Teller legen.

GUT ZU WISSEN **Beim schonenden Garen in Pergamentpapier (statt in Wasser, das viele Inhaltsstoffe ausschwemmt) bleiben Eigengeschmack und Nährstoffe der Lebensmittel erhalten, der Verlust an Vitaminen und Mineralstoffen wie Kalium und Magnesium ist äußerst gering.**

TIPP **An Stelle von Honig können natursüße Sirups verwendet werden (von Agave, Birke, Ahorn, Gerste usw.). Ihr Gehalt an schnellverwertbaren Kohlenhydraten verhindert vorzeitiges Ermüden.**

Thunfischspieße
mit Tomatencoulis auf Vollkorngetreide

Thunfisch ist reich an Eiweiß und Omega-3-Fettsäuren, die die Muskelfunktionen bei Belastung unterstützen. Getreide enthält nicht nur Kohlenhydrate, sondern auch pflanzliche Proteine (die dem Thunfisch fehlen). Das Gericht ist ideal für die Erholungsphase nach dem Laufen.

Zutaten
für 4 Personen

800 g Thunfischfilet
1 kg Tomaten
2 Zwiebeln, gewürfelt
1 Wirsing
150 g Getreidemischung aus Hafer, Amaranth, Bulgur und Quinoa
4 EL Olivenöl
Salz, Pfeffer aus der Mühle

Für die Marinade
1 EL Currypulver
1 EL Kräuter der Provence
4 EL Olivenöl

Zum Garnieren
Rosinen, Goji-Beeren, Chia-Samen, Meersalz (sparsam verwenden)

4 EL Olivenöl, Kräuter der Provence und Currypulver zu einer Marinade verrühren. Den Thunfisch in Würfel schneiden. Die Würfel auf Holzspieße ziehen. Die Spieße mit der Marinade beträufeln und 1 Stunde ziehen lassen.

Wirsing putzen und vierteln. Die Viertel waschen und in kochendem Wasser 3 Minuten blanchieren.

In einem Bräter 2 EL Olivenöl erhitzen und die Wirsingviertel 5 Minuten darin braten, dann salzen und pfeffern. 3 EL Wasser zugeben und Deckel auflegen. Den Wirsing in ca. 10 Minuten weich dünsten.

In einem Topf Wasser zum Kochen bringen und darin die Getreidemischung nach der Packungsanweisung garen. Überschüssiges Wasser abgießen.

Tomaten häuten und in Würfel schneiden. In einer Pfanne 2 EL Olivenöl erhitzen und die Zwiebelwürfel darin anschwitzen. Die Tomatenwürfel zugeben, mit Salz und Pfeffer abschmecken, gut vermischen und 20 Minuten bei schwacher Hitze köcheln lassen. Die Mischung pürieren.

Den Griddle (Grillplatte) aufheizen und die Thunfischspieße 2 Minuten von allen Seiten grillen. Mit dem Tomatencoulis, der Getreidemischung und dem Wirsing auf Tellern anrichten.

GUT ZU WISSEN **Die Zubereitung auf dem Griddle ist viel gesünder als Grillen auf dem Holzkohlegrill, da sich keine giftigen Verbrennungsgase bilden.**

Lachsforellenfilets
mit Apfelessig und Bulgur

Forellen aus heimischen Gewässern sind eine Delikatesse. In Kombination mit den richtigen Zutaten versorgt ihr zartes Fleisch Läufer mit allem, was sie für ein forderndes Training brauchen. Die Sojasahne hilft der Leber, die so wichtigen Nähr- und Mineralstoffe (Kohlenhydrate, Fett, Eisen usw.) aufzuschließen. Der Limettensaft liefert zusätzlich Antioxidantien.

Zutaten
für 4 Personen

600 g Lachsforellenfilet
Saft von 5 Limetten
250 – 300 g Bulgur
200 ml Sojasahne
1 EL Currypulver
4 – 6 EL Olivenöl
3 EL Apfelessig
Salz, Pfeffer aus der Mühle

Nach Belieben
Dill, Guineapeffer, Basilikum, Meersalz (sparsam verwenden)

In einem tiefen Teller eine Marinade aus Olivenöl, Apfelessig, Limettensaft und Pfeffer anrühren. Die Fischfilets einlegen und für 1 – 2 Stunden in den Kühlschrank stellen.

In einem Topf 750 – 900 ml Wasser (die dreifache Menge des Bulgurvolumens) zum Kochen bringen, den Bulgur einstreuen und solange köcheln, bis die gesamte Flüssigkeit aufgesogen ist. Dann die Sojasahne und das Currypulver unterrühren, den Bulgur salzen, pfeffern und warm stellen.

Den Griddle aufheizen und die marinierten Fischfilets auf einer Seite 4 – 5 Minuten grillen. Mit dem Bulgur auf Tellern anrichten und sofort servieren.

GUT ZU WISSEN **Nicht umsonst gilt Apfelessig als „Elixier der Jugend" – er ist ein Allheilmittel und hilft unter anderem bei Muskelschmerzen und Verdauungsproblemen.**

TIPP **Wem Bulgur zu grobkörnig ist, kann man ihn durch Couscous oder Quinoa ersetzen. Quinoa ist reich an pflanzlichen Proteinen und hilft beim Wiederaufbau der Muskeln.**

Sobanudeln mit Gemüsepaprika

Sobanudeln kommen aus Japan und werden aus Buchweizenmehl hergestellt. Sie werden warm oder kalt gegessen und gehören zu den Grundnahrungsmitteln im Land der aufgehenden Sonne. Dank ihres hohen Gehalts an Kohlenhydraten und Ballaststoffen helfen sie, die Muskelreserven aufzufüllen, die Regeneration voranzutreiben und die Darmflora zu verbessern. Honig ist ein Radikalfänger und wirkt antibakteriell, was vor allem in den kälteren Jahreszeiten willkommen ist.

Zutaten
für 4 Personen

200 g Sobanudeln
je 1 rote, gelbe und grüne Mini-Paprikaschote
1 Handvoll schwarze Sesamsaat
2 EL flüssiger Honig
2 EL Sojasoße
2 EL Sesamöl
1 EL Reisessig
1 Prise Meersalz

Nach Belieben
Bambussprossen, Wasabi, kandierter Ingwer

In einem Topf Wasser mit etwas Meersalz zum Kochen bringen und die Sobanudeln hineingeben. Einige Minuten kochen lassen, dann abgießen und in einer Schüssel mit Eiswasser abschrecken. Erneut abgießen.

Die Mini-Paprikaschoten waschen und in Streifen schneiden.

In einer Schüssel die Paprikastreifen mit dem Reisessig, dem Honig, dem Sesamöl und der Sesamsaat mischen. Die Sobanudeln dazugeben, alles gut vermengen und sofort servieren.

GUT ZU WISSEN **Buchweizenmehl hilft Läufern verlässlich bei der Regulierung der Verdauung, denn die Ballaststoffe fördern eine gesunde Darmflora.**

TIPP **Wenn das Gericht vegetarisch bleiben soll, kann die Proteinzufuhr durch die Beigabe von Hülsenfrüchten (Erbsen, Linsen) oder Algen (Wakame, Nori, Spirulina) erhöht werden.**

GOLDEN
MOUNTAIN

Zitronen-Kaninchen
mit Kartoffeln und Mairübchen

Kaninchenfleisch ist fettarm und eiweißreich und wird deshalb von Läufern gerne gegessen, wenn sie Gewicht reduzieren wollen. Der Zitronensaft verleiht dem Gericht eine feine Note und erleichtert der Leber die Arbeit.

Zutaten
für 4 Personen

600 g Kaninchenfleisch in Stücken
500 g Kartoffeln
600 g Mairübchen
2 gelbe Zwiebeln
3 oder 4 Knoblauchzehen (falls gewünscht)
6 EL körniger Senf
1 EL Maisstärke
Saft von 4 Zitronen
500 bis 750 ml Weißwein
6 EL Olivenöl
2 EL Balsamicoessig
Salz, Pfeffer aus der Mühle

Nach Belieben
Thymian, Lorbeerblätter, *cinq baies* (Pfeffermischung), Garam Masala, Meersalz (sparsam verwenden)

Die Kartoffeln und die Mairübchen schälen, waschen und in Scheiben oder große Würfel schneiden.

Die Zwiebeln und den Knoblauch schälen und fein würfeln bzw. hacken.

Das Olivenöl in einem Topf erhitzen und das Kaninchenfleisch mit Zwiebeln darin anbraten, bis alles rundum goldbraun ist. Die Maisstärke darüberstreuen und ebenfalls goldbraun werden lassen, dann das Gemüse, den Weißwein, den Zitronensaft und den Essig zugeben (alle Zutaten sollen von Flüssigkeit bedeckt sein). Alles vorsichtig vermischen, mit Salz und Pfeffer abschmecken und rund 1 Stunde zugedeckt schmoren lassen.

Zum Schluss den Senf und, falls gewünscht, den gehackten Knoblauch zugeben. Das Ragout durchrühren und sofort servieren.

GUT ZU WISSEN **Zitronen sind bekannt für ihre oxidationshemmende, antiseptische und verdauungsfördernde Wirkung. Im Winter schützt das darin enthaltene Vitamin C vor Infektionen im Hals-Nasen-Ohren-Bereich.**

TIPP **Das Gericht wird noch aromatischer, wenn man das Fleisch vorher in eine Marinade aus Essig, Saft von Zitrusfrüchten und Gewürzen (z. B. Senfkörner) einlegt.**

Alaska-Seelachs mit Feta

Ein delikates, ausgewogenes und sehr leichtes Gericht, das gut vor einem Rennen serviert werden kann. Die Sojasahne unterstützt die wohltuende Wirkung auf die Leber.

Zutaten
für 4 Personen

800 g Alaska-Seelachsfilet
120 – 150 g Feta
1 rote Paprikaschote
1 gelbe Paprikaschote
1 kg Zucchini
300 ml Sojasahne
4 EL Olivenöl
Salz, Pfeffer aus der Mühle

Nach Belieben
Basilikum, Estragon, Zitronengras, Meersalz (sparsam verwenden)

Die Paprikaschoten waschen und halbieren, Samen und weiße Wände entfernen. Die Hälften fein würfeln, zusammen mit der Sojasahne in einen Topf geben und 20 bis 30 Minuten bei schwacher Hitze garen. Die Mischung pürieren und mit Salz und Pfeffer abschmecken.

Die Zucchini waschen und in Würfel schneiden. Olivenöl in einer Pfanne erhitzen und die Zucchiniwürfel darin 10 Minuten bei mittlerer Hitze braten, salzen und pfeffern.

Die Seelachsfilets in den Siebeinsatz eines Dampfgarers geben und 10 Minuten garen.

Zucchini auf Teller verteilen, die Seelachsfilets daraufsetzen, mit der Paprikasoße überziehen und mit zerkrümeltem Feta bestreuen. Sofort servieren.

GUT ZU WISSEN **Feta ist ein gepresster Labkäse aus Schafmilch (der manchmal Ziegenmilch beigemischt wird) und enthält viel Kalzium, Phosphor und hochwertiges tierisches Eiweiß. Das ist vor allem für Läufer interessant, die nicht streng vegetarisch leben und etwas für ihren Knochen- und Muskelaufbau tun wollen. Feta enthält außerdem Vitamin B12, das den Sauerstofftransport im Blut begünstigt.**

TIPP **Im Dampfgarer beschränkt sich der Vitamin- und Mineralstoffverlust auf ein Minimum. Eine gute Alternative ist das Garen in Pergamentpapier.**

Schwertfisch mit Schalotten
und Käserisotto

Der recht fette Schwertfisch ist reich an Proteinen und Omega-3-Fettsäuren. Läufer genießen ihn gerne in der Regenerationsphase. Reis steuert Kohlenhydrate bei und begünstigt den Wiederaufbau von stark beanspruchtem Gewebe. Zwiebeln und Schalotten sind gute Antioxidantien.

Zutaten
für 4 Personen

800 g Schwertfisch in Scheiben
300 g Rundkornreis
120 g Parmesan, gerieben
3 Schalotten
1 Zwiebel
500 ml Geflügel- oder Gemüsebrühe
1 Glas Weißwein
4 EL Olivenöl
Salz, Pfeffer aus der Mühle

Nach Belieben
Kapern, Oregano, Thymian, Meersalz (sparsam verwenden)

Die Schalotten und die Zwiebel schälen und fein würfeln. 2 EL Olivenöl in einer Pfanne erhitzen und die Zwiebel- und Schalottenwürfel darin 5 Minuten bei mittlerer Hitze anschwitzen. Den Reis zugeben und mitbraten, bis die Körner glasig werden. Mit dem Weißwein ablöschen und köcheln lassen, bis die ganze Flüssigkeit verdampft ist. Die Brühe kellenweise zugeben, dabei ständig rühren und stets warten, bis der Reis die Brühe absorbiert hat, bevor man die nächste Kelle zugibt. Nach 25 Minuten sollte die Brühe aufgebraucht und der Reis fertig sein. Den Parmesan unterheben, das Risotto vorsichtig salzen, pfeffern und warm stellen.

Das restliche Olivenöl in einer Pfanne erhitzen und die Schwertfischscheiben darin auf beiden Seiten 5 Minuten braten. Mit dem Risotto auf Tellern anrichten und sofort servieren.

GUT ZU WISSEN **Schwertfisch ist sehr gehaltvoll, aber recht zurückhaltend im Geschmack. Das macht ihn für Läufer, die keine ausgesprochenen Fischfans sind, attraktiv.**

TIPP **Wenn Sie gerne rohen Fisch essen, legen Sie die Schwertfischscheiben nur ganz kurz auf den Griddle.**

Orangen-Ente
mit Steckrüben und Oliven

Entenfleisch ist nicht so mager wie Hühner- oder Putenfleisch, aber von der Nährstoffzusammensetzung her interessant. Man spricht von „gutem Fett", weil es die Herzfunktion von Läufern unterstützt. Oliven wirken positiv auf den Blutzuckerspiegel und helfen bei der Laufvorbereitung.

Zutaten
für 4 Personen

500 g Entenbrust in Streifen
Schale und Saft von 2 bis 3 unbehandelten Orangen
800 g Steckrüben
50 g entsteinte grüne Oliven
4 EL Olivenöl
Salz, Pfeffer aus der Mühle

Nach Belieben
Sternanis, Zwiebeln, Bohnenkraut, Meersalz (sparsam verwenden)

Die Steckrüben schälen, waschen und in Stifte schneiden. Diese 5–8 Minuten in wenig Wasser dämpfen, abgießen und in einer Pfanne in 2 EL Olivenöl etwa 5 Minuten anbraten.

Orangen waschen, die Schale mit dem Zestenreißer abschälen und die Früchte auspressen.

In einer weiteren Pfanne die Entenbruststreifen im restlichen Olivenöl bei großer Hitze auf beiden Seiten 2 Minuten anbraten, salzen und pfeffern. Auf einen Teller geben und warm halten. Den Bratfond mit Orangensaft ablöschen und etwas einkochen lassen. Die Zesten unterrühren.

Die Oliven in Scheiben schneiden und in die Orangensoße geben. Die Soße vorsichtig mit Salz und Pfeffer würzen und warm halten.

Entenbrust und Steckrüben auf Tellern anrichten, mit der Soße überziehen.

GUT ZU WISSEN **Wie Olivenöl enthält Entenfleisch Omega-9-Fettsäuren, die Herz-Kreislauf-Erkrankungen vorbeugen.**

TIPP **Wer sein Gewicht reduzieren will, trennt die Haut mit der Fettschicht ab, um Kalorien zu sparen.**

Meeresfrüchterisotto mit Safran

Risotto kann man in unzähligen Varianten und Geschmacksrichtungen zubereiten. Unter Läufern ist es eine Alternative zur Pastaparty am Vorabend eines Wettkampfs. Zwiebeln wirken positiv auf das Herz-Kreislauf-System und bereiten den Körper auf die bevorstehende Beanspruchung vor.

Zutaten
für 4 Personen

300 g Rundkornreis
600 g Meeresfrüchte (tiefgefroren), aufgetaut
2 Zwiebeln
2 Schalotten
1 Kapsel Safranpulver (0,1 g)
500 ml Fischfond
1 Glas trockener Weißwein
4 EL Olivenöl
Salz, Pfeffer aus der Mühle

Nach Belieben
Knoblauch, Safranfäden, Rosmarin, Meersalz (sparsam verwenden)

Zwiebeln und Schalotten schälen und fein würfeln. Olivenöl in einem Bräter erhitzen und die Würfel darin 3 Minuten bei mittlerer Hitze anbraten. Die Meeresfrüchte zugeben und 5 Minuten schmoren lassen, dann die Mischung in eine Schüssel umfüllen.

Den Safran im Fischfond auflösen.

Den Reis in den heißen Bräter geben und unter Rühren 3 Minuten anschwitzen, bis die Körner glasig werden. Mit dem Weißwein ablöschen, bei kleiner Hitze köcheln, bis die Flüssigkeit verdampft ist. Nun unter ständigem Rühren den Fischfond kellenweise zugeben. Der Reis soll die Flüssigkeit aufgesogen haben, bevor man die nächste Kelle dazugibt. Nach 25 Minuten sollte der Fischfond aufgebraucht und der Reis weich sein.

Meeresfrüchtemischung vorsichtig unter den Reis heben. Das Risotto mit Salz und Pfeffer abschmecken und sofort servieren.

GUT ZU WISSEN **Reis enthält Kohlenhydrate, die auch bei Glutenintoleranz gut vertragen werden. (Dasselbe gilt für Kartoffeln.)**

TIPP **Weißwein und Fischfond können durch andere Flüssigkeiten (Rotwein, Bier, Essig, Fleisch-, Geflügel-, Gemüsebrühe usw.) ersetzt werden, was den Geschmack des Risottos interessant variiert. Der Alkohol verdampft beim Kochen, hinterlässt aber ein spezielles Aroma.**

Hähnchenfilet mit Pfefferschoten
und Brokkoli-Kartoffel-Püree

Es lohnt sich immer, Geflügel aus Freilandhaltung zu kaufen. Hähnchenfleisch ist leicht verdaulich und reich an Nährstoffen und Proteinen, die den Muskeln zugutekommen. Der hohe Kaliumgehalt wirkt sich positiv auf das Nervensystem aus, das für die Muskelkontraktion zuständig ist.

Zutaten
für 4 Personen

800 g Hähnchenfilet
400 g Brokkoli
400 g Kartoffeln
2 EL Olivenöl
Salz, Pfeffer aus der Mühle

Für die Marinade
1 Jalapeño-Pfefferschote, in Streifen geschnitten
1 grüne Paprikaschote, in Streifen geschnitten
1 Knoblauchzehe, geschält und durchgepresst
4 EL Olivenöl

Nach Belieben
Salbei, eingelegte Zitronen, Curry, Meersalz (sparsam verwenden)

In einem tiefen Teller die Zutaten für die Marinade vermengen. Die Hähnchenfilets in die Marinade legen und für 3–4 Stunden in den Kühlschrank stellen.

Brokkoli in Röschen zerteilen und waschen. Die Kartoffeln schälen und waschen. Beide Gemüse getrennt dämpfen, bis sie gar sind. Zusammen in einen Topf geben und mit der Gabel zu einem groben Püree zerdrücken. Das Olivenöl unterrühren, das Püree mit Pfeffer und Salz abschmecken und warm halten.

In einer heißen Pfanne die Hähnchenfilets mit den Paprika- und Pfefferschotenstreifen auf beiden Seiten 5 Minuten braten, auf Tellern anrichten und sofort servieren. Dazu das Gemüsepüree reichen.

GUT ZU WISSEN **Jalapeños enthalten viel Vitamin C, ein Radikalfänger, der vor Infektionen aller Art schützt, aber auch positiv auf den Knochenbau, das Knorpelgewebe und den Verdauungsapparat wirkt.**

TIPP **Hähnchenknochen und -abfälle eignen sich hervorragend, um daraus eine Geflügelbrühe oder einen Fond zu kochen – ganz nach dem Motto: Alles Gute ausnutzen.**

Seeteufel mit Curry
und Gemüsejulienne

Seeteufel ist ein magerer Fisch, der jedoch eine geballte Ladung Proteine enthält und sich deshalb für ein leicht verdauliches Regenerationsmenü eignet. Knoblauch und Zwiebeln optimieren die Blutzirkulation im Muskelgewebe.

Zutaten
für 4 Personen

800 g Seeteufelfilet in Stücken
2 Tomaten
300 g Karotten
300 g Porree
200 g Zucchini
2 große Zwiebeln
2 Knoblauchzehen
600 ml Sojasahne
1 EL Currypulver
4 EL Olivenöl
Salz, Pfeffer aus der Mühle

Nach Belieben
Rosmarin, Kümmel, Majoran, Meersalz (sparsam verwenden)

Die Karotten putzen und schälen, die Zucchini waschen und beide Gemüse in feine Streifen schneiden. Den Porree putzen, waschen und ebenfalls in feine Streifen schneiden.

2 EL Olivenöl in einer Pfanne erhitzen und darin die Gemüsejulienne 8–10 Minuten bei schwacher Hitze braten. Salzen, pfeffern und warm halten.

Die Tomaten waschen und würfeln. Die Zwiebeln schälen und fein würfeln. Den Knoblauch schälen und hacken. Restliches Olivenöl in einer Pfanne erhitzen und Tomaten, Zwiebeln und Knoblauch 5 Minuten bei mittlerer Hitze braten. Die Seeteufelstücke, die Sojasahne und das Currypulver zugeben. 10 Minuten schmoren lassen, nach der Hälfte der Zeit die Seeteufelstücke wenden. Mit Salz und Pfeffer abschmecken.

Den Seeteufel mit der Currysoße und dem Gemüse auf Tellern anrichten und servieren.

GUT ZU WISSEN **Der fettarme, eiweißreiche Seeteufel lässt sich auf vielfältige Art zubereiten und ist ein ausgezeichnetes Beispiel dafür, wie genussvoll gesunde Ernährung sein kann!**

TIPP **Mit verschiedenen Gewürzen kann man diesem Gericht immer wieder eine neue Geschmacksrichtung geben. Probieren Sie *colombo* (Gewürzmischung von den Antillen), Chili, Ras el-Hanout, Muskatnuss, Harissa usw.**

Adlerfisch mit Sauerampfer
und Vollkornspaghetti

Adlerfisch hat zartes, weißes Fleisch und ist für viele Läufer ein lukullischer Hochgenuss. Er enthält alle essenziellen Aminosäuren und fördert damit die Gesundheit von Muskeln, Knochen und Herz. Eine Alternative zu Adlerfisch ist Wolfsbarsch. Mit Vollkornspaghetti als Beilage ist das Gericht im Sommer wie im Winter eine hervorragende Energiequelle, mit der sich das wöchentliche Laufpensum gut bewältigen lässt.

Zutaten
für 4 Personen

800 g Adlerfischfilet
4 Sauerampferblätter
250 – 300 g Vollkornspaghetti
500 ml Sojasahne
2 EL Olivenöl
1 Stich Butter
Salz, Pfeffer aus der Mühle

Nach Belieben
Kokosnuss, Mandeln, Kräuter der Provence, Meersalz (sparsam verwenden)

Die Sauerampferblätter waschen und klein schneiden. 1 EL Olivenöl in einer Pfanne erhitzen und den Sauerampfer darin 2 Minuten anschwitzen. Die Sojasahne zugeben und einkochen lassen, bis die Soße eine sämige Konsistenz hat. Warm halten.

Die Adlerfischfilets auf einem Griddle grillen oder das restliche Olivenöl in einer Pfanne erhitzen und die Filets darin auf beiden Seiten 5 Minuten braten.

In der Zwischenzeit in einem großen Topf Salzwasser zum Kochen bringen und darin die Spaghetti nach der Packungsanweisung garen. Kochwasser abgießen, die Butter unter die Spaghetti heben, mit Salz und Pfeffer abschmecken.

Adlerfischfilets und Spaghetti auf Tellern anrichten, mit der Sauerampfersoße überziehen. Heiß servieren.

GUT ZU WISSEN **Adlerfisch hat einen mittleren Fettgehalt und ist reich an Omega-3-Fettsäuren, die das Herz-Kreislauf-System und die Gehirnfunktion positiv beeinflussen.**

TIPP **Wer gerne rohen Fisch isst, kann aus Adlerfisch hervorragend Carpaccio, Sushi und Tartar zubereiten.**

Desserts für Läufer

Der Nachtisch ist das Finale eines Menüs. Im Allgemeinen sind Desserts ein sehr süßes Vergnügen, aber das müssen sie nicht sein!

Die für Desserts günstigsten Kohlenhydratlieferanten sind Früchte, weil sie Fructose enthalten. Dieser Zucker wirkt sich besonders positiv aus, denn er lässt den Blutzuckerspiegel nicht schlagartig in die Höhe schnellen und senkt das Risiko einer Hypoglykämie (Unterzuckerung, die zu Schwächegefühl und weichen Beinen führen kann).

Grundsätzlich sind alle Obstarten desserttauglich. Persönliche Abneigungen und Unverträglichkeiten sind die einzige Einschränkung. Raffinierter Zucker sollte durch natürliche Süßungsmittel wie Ahorn-, Agaven- oder Birkensirup ersetzt werden.

Ob flüssig oder fest, aus Früchten, Milchprodukten, pflanzlichen Milchersatzprodukten oder Getreide – die Palette an köstlichen Desserts ist breit. Auch für Läufer ist Naschen erlaubt; sie werden ihr Pensum trotzdem in Bestform absolvieren können.

Desserts können vor dem Laufen, während der Regenerationsphase oder als kleine Zwischenmahlzeit ihren Beitrag zur optimalen Energieversorgung leisten und Läufern tagtäglich einen kleinen Glücksmoment ohne schlechtes Gewissen bescheren.

Auf den folgenden Seiten habe ich einige Rezepte zusammengestellt, die schnell und einfach zubereitet werden können. Solch ein Nachtisch gehört unbedingt auf den Speiseplan eines Läufers!

Gemischtes Obst
im Bananenblatt

Ein Gericht im Päckchen zu garen, macht nicht nur optisch etwas her, diese Methode schont auch die Nährstoffe und ist zudem kein großer Aufwand. Dieses Dessert wird Läufer erfreuen, die Leistung bringen wollen. Die Vanille mit ihrem köstlichen Aroma wirkt stimulierend, appetitanregend und verdauungsfördernd.

Zutaten
für 4 Personen

1 Mango
2 Äpfel
1 Birne
2 TL Vanillepulver
1 EL Agavensirup
4 Bananenblätter

Nach Belieben
Zimt, Ingwer, Agavensirup

Die Früchte schälen, in Stücke schneiden und in eine Schüssel geben. Das Vanillepulver und den Agavensirup zugeben und vorsichtig mit dem Obst vermischen. 1 Stunde durchziehen lassen.

Den Backofen auf 200 °C vorheizen.

Die Bananenblätter waschen und auf der Arbeitsfläche ausbreiten. Die Obstmischung darauf verteilen, die Blätter zu festen Päckchen wickeln, eventuell mit Zahnstochern fixieren.

Die Päckchen 15 – 20 Minuten backen. Lauwarm oder kalt servieren.

GUT ZU WISSEN **Die Fruchtpäckchen sind sehr vitaminreich und versorgen Läufer mit den Mikronährstoffen, die sie tagtäglich brauchen. Äpfel sind hervorragende Radikalfänger und helfen, das Laufpensum auch im Winter durchzuziehen.**

TIPP **Die Früchte können je nach Saison beliebig ausgetauscht werden, sodass das Päckchen jedes Mal andere Aromen, Texturen und Farben bereithält.**

Zitrusfrüchtesalat mit Ziegenkäse

Käse und Obst sind ein Dream-Team! Für dieses süß-pikante Dessert geht man meilenweit – und bekommt dafür prompt die notwendige Energie geliefert. Grapefruits wirken außerdem entzündungshemmend, durstlöschend und sind reich an Vitamin C.

Zutaten
für 4 Personen

2 Grapefruits
100 g Ziegenkäse (gereift)
Saft von 2 Zitronen
1 EL Kräuter der Provence
2 EL Balsamicoessig
2 EL Olivenöl

Zum Garnieren
Sternanis, Vanilleschote, Goji-Beeren

Ziegenkäse in Würfel schneiden und in einer Schüssel mit dem Olivenöl, dem Balsamicoessig, dem Zitronensaft und der Kräutermischung vermengen. 1 Stunde ziehen lassen.

Die Grapefruits schälen. Dabei die weiße Innenhaut entfernen und die Filets aus den Trennhäuten schneiden.

Die Grapefruitfilets auf Teller legen und die Ziegenkäsewürfel mit der Marinade darauf verteilen. Gut gekühlt servieren.

GUT ZU WISSEN **Die Eigenschaften von Käse und Obst ergänzen sich, das Dessert enthält Eiweiß, Kohlenhydrate, Ballaststoffe, Kalzium und Vitamin C – das macht fit für den nächsten Lauf!**

TIPP **Blauschimmelkäse hat ein intensiveres Aroma und schmeckt salziger. Er enthält mehr Natrium und kann verwendet werden, wenn es draußen richtig heiß ist, ein langer Lauf bevorsteht oder starkes Schwitzen ein Problem ist.**

Zitrusfrüchte mit Mandelcreme
und Zimt

Die Säure der Zitrusfrüchte und die Süße der Mandeln ergänzen sich zu einem aromatischen Dessert, das auf der Zunge zergeht. Es ist sehr leicht verdaulich und ausgewogen. Zimt wirkt anregend, ist ein guter Radikalfänger und beugt Blähungen vor. Besonders im Winter tut dieses Gewürz Läufern gut.

Zutaten
für 4 Personen

1 rosa Grapefruit
2 Blutorangen
4 oder 5 Mandarinen oder Clementinen
50 g Mandelmus
500 ml pflanzliche Milch
einige Mandelstifte
1 EL Zimtpulver

Zum Garnieren
Selleriesamen, Anis, Kreuzkümmel, Ingwer

Die Zitrusfrüchte schälen, dabei die weiße Innenhaut entfernen und die Filets aus den Trennhäuten schneiden (oder die geschälten Früchte in Schnitze teilen und diese klein schneiden).

Das Mandelmus mit so viel Milch verrühren, dass eine glatte Creme entsteht, das Zimtpulver daruntermischen.

Filets bzw. Fruchtstücke in eine Schüssel geben, die Creme vorsichtig unterziehen. Das Dessert in Schälchen füllen und mit Mandelstiften bestreuen. Gut gekühlt servieren.

GUT ZU WISSEN **Mandeln sind ein sehr wertvolles Nahrungsmittel. Sie enthalten Antioxidantien und zügeln den Appetit bei Läufern, die von Heißhunger überfallen werden. Allerdings gibt es Menschen, die auf Mandeln allergisch reagieren.**

TIPP **Das Mandelmus kann je nach Geschmack durch Mus aus Haselnüssen, Walnüssen, Pistazien, Erdnüssen usw. ersetzt werden.**

Pfirsichsuppe mit Bananen und Minze

Minze und Grüntee geben diesem Dessert einen Frischekick. Es ist leicht bekömmlich und hat reinigende Wirkung. Minze regeneriert den Organismus nach einem anstrengenden Lauf. Und ähnlich wie Zimt beugt sie Blähungen vor.

Zutaten für 4 Personen

4 Pfirsiche
2 Bananen
2 Beutel Grüntee
Ein Dutzend Minzeblätter

Zum Garnieren
Himbeeren, Erdbeeren usw.

Die Teebeutel mit 500 ml heißem Wasser aufgießen und 7 Minuten ziehen lassen. Die Beutel entfernen, den Tee abkühlen lassen.

Die Bananen schälen und in Scheiben schneiden. Die Pfirsiche schälen und achteln. Die Minzeblätter waschen und in Streifen schneiden.

Das Obst und die Minze in eine Schüssel geben und mit dem Grüntee übergießen.

Das Dessert auf Schälchen verteilen und bis zum Verzehr in den Kühlschrank stellen.

GUT ZU WISSEN **Der Grüntee wird als Radikalfänger geschätzt. Er wirkt außerdem anregend und durstlöschend, was besonders bei heißem Wetter eine Wohltat ist.**

TIPP **Das Dessert kann auch als Gelee zubereitet werden. Dafür 4–6 Blatt Gelatine in kaltem Wasser einweichen und im noch heißen Grüntee auflösen, gut verrühren, etwas abkühlen lassen und über das Obst gießen. Vegetarier nehmen ½ TL Agar-Agar.**

Reisbrei mit Sojamilch

Süßer Reis in Form von Reisbrei ist unter Läufern ein Klassiker. Diese Variante mit Sojamilch ist auch für strenge Vegetarier und Allergiker geeignet. Vanille stimuliert Nerven und Muskeln und ist deshalb das perfekte Gegenmittel bei körperlichem wie auch mentalem Stress.

Zutaten
für 4 Personen

125 g Rundkornreis
1 l Sojamilch
1 Vanilleschote
50 g Ahornsirup

Zum Garnieren
Zimt, Goji-Beeren,
kandierte Orangenschale

Den Reis waschen und in einem Sieb abtropfen lassen.

Die Vanilleschote aufschlitzen, das Mark herauskratzen. Mark und Schote zusammen mit der Sojamilch in einen Topf geben und zum Kochen bringen. Die Hitze auf kleinste Stufe schalten, den Reis einstreuen und 20 Minuten quellen lassen, gelegentlich umrühren. Der Reisbrei soll cremig und nicht zu trocken sein.

Die Vanilleschote entfernen, den Ahornsirup unterrühren. Reisbrei auf Schälchen verteilen und abkühlen lassen.

GUT ZU WISSEN **Ein einfaches, stärkendes Dessert, das die Glykogenspeicher in Muskeln und Leber wieder auffüllt, da Reis und Ahornsirup die richtigen Kohlenhydrate liefern.**

TIPP **Eine schmackhafte Ergänzung zu diesem Dessert sind Fruchtpürees (Mango, Guave, Erdbeere, Brombeere, Kaki usw.).**

Gebackene Birnen
mit dunkler Schokolade

Das Dessert ist reich an Kohlenhydraten, Ballaststoffen und Wasser, also wie gemacht für Läufer, und dunkle Schokolade ist nun einmal der perfekte Abschluss für ein Menü. Sie ist ein Antioxidans, enthält viel Phosphor, Magnesium, Eisen und Zink und trägt zur optimalen Verfassung eines Läufers bei (maximal 50 g pro Tag essen).

Zutaten
für 4 Personen

4 Birnen
Saft von 1 Zitrone
50 g Bitterschokolade
100 ml Sojamilch
30 g Müslimischung mit Haferflocken und Trockenfrüchten
2 EL Honig

Zum Garnieren
Karamell, Honig, kandierte Orangenschale, Granola

Den Backofen auf 180 °C vorheizen.

Die Birnen schälen und vierteln, das Kerngehäuse entfernen. Die Birnenviertel in eine ofenfeste Form geben, etwas Wasser angießen und den Zitronensaft sowie den Honig dazugeben. Die Form abdecken und für 15 – 20 Minuten in den Ofen schieben (die Birnen sollen weich sein).

Aus dem Ofen nehmen, abkühlen lassen und in den Kühlschrank stellen.

Sojamilch in einem Topf erwärmen. Bitterschokolade in Stücke brechen und in der Sojamilch schmelzen lassen. Gut durchrühren, bis eine glatte, sämige Soße entsteht.

Die Birnenviertel auf Tellern anrichten, mit der warmen Soße überziehen und mit Müslimischung bestreuen.

GUT ZU WISSEN **Ihr hoher Wasser- und Zuckergehalt macht die Birne zum besten Snack für Läufer, die unterwegs die Energiereserven auffüllen wollen.**

TIPP **Es lohnt sich, verschiedene Birnensorten auszuprobieren: Williams, Conference, Kaiser Alexander, Abate Fetel usw.**

Dank
Ich danke Aurélie, die mir dieses Projekt anvertraut hat, welches mir sehr am Herzen liegt, Sidonie, die die Rezepte „organoleptisch" und in der Praxis geprüft hat, und Charly, der die ästhetischen Fotos beisteuerte. Ein ganz großes Dankeschön geht an meine Eltern sowie an Matthieu, Magali, Stéphanie, Yohann, Marielle und Mélinda für ihre tagtägliche Unterstützung.

Originaltitel: Runningfood
ISBN 978-23-17011-02-3

Redaktionsleitung: Anne la Fay
Lektorat: Aurélie Cazenave
Artdirection: Julie Mathieu
Satz: Lucile Jouret
Korrektorat: Armelle Heron
Litho: Amalthéa

Übersetzung aus dem Französischen: Dagmar Klotz
Redaktion: Julia Niehaus, Dorit Aurich
Satz: Dirk Brauns

Gesamtherstellung: Ullmann Medien GmbH, Potsdam

Printed in Slovenia, 2017

ISBN 978-3-7415-2195-9

10 9 8 7 6 5 4 3 2 1
X IX VIII VII VI V IV III II I

www.ullmannmedien.com
info@ullmannmedien.com
facebook.com/ullmannmedien
twitter.com/ullmannmedien